원능 시리즈-II

프로젝트 20
능통 영어

Amber Press

조길자 (Miriam Cho)

－ AI의 출현으로 영어능력이 더 요구되는 시대 －

앞으로 외국어는 AI가 해결해줄까?
산업 현장과 교육 현장에서 통번역 업무와 교육을 계속해온 언어 전문가로서, 수많은 실험을 해본 결과, AI 번역은 아직 걸음마 수준에 머물러 있고 업무나 학문 수준에 이르면 더더욱 기대를 접으라고 답하고 싶다.

"AI 번역기가 인간 번역가를 대체하기 어렵다"는 구글의 마이크 슈스터 번역 총괄연구원의 말이 뒷받침해주듯이(2017. 12), 언어라는 도구 자체의 복합적인 이유로 언어는 오랫동안 인간의 영역으로 남아 있을 것으로 예상되며, 특히 한국어는 세계 최고난도의 언어 중 하나로 희소어에 속하니 더욱 그럴 것이다.

그럼에도 번역기에 대한 의존도는 점점 더 높아지고 있는 것이 사실이다. 이러한 관점에서 볼 때, 오히려 AI 번역기 때문에 영어를 더 공부해야 하는 역설적인 상황이 발생하고 있다. 왜일까?

AI 번역의 정확성이 보장되지 않으니, 큰 실수나 엉뚱한 문장이 만들어지지 않았는지 확인해서 문제가 될 부분을 수정할 능력이 있을 때 AI 사용이 의미 있는 상황이 되기 때문이다. 에디터(editor)의 기능을 인간이 추가해야 하는 것이다.

국가 간의 교류는 점점 증가하고 있고, 첨단 시스템이나 장비도 속속 개발되고 있어, 직무 영어 또는 테크니컬 라이팅을 익혀 본인과 조직의 경쟁력을 높이는 것이 절실한 상황이다.

모국어인 한국어의 구조적 차이와 한자어 혼합의 특이한 상황 등으로 한국인들이 영어를 배우는 데 어려움을 느끼지만, 이 책에서 보여주듯 구조 중심으로 영어 문장의 틀을 만든 후 작은 요소들을 정확하게 익힌 다음 각 분야의 어휘나 표현을 입히면 고급영어를 구사하게 될 것이다.

실제 능력과 상관없이 점수만 만들게 하고, 상업적인 목적을 위해 영역을 쪼개는 영어교육법을 버릴 수 있도록, 구조 중심의 문법을 통해 문장을 만들어 라이팅과 스피킹으로 이어지도록 구성함으로써 영어 전체의 문제를 해결하여, 이 책이 취업이나 평생의 영어 역량에 큰 도움이 되리라 기대한다. 제 1장부터 20장까지 순서를 지키며 궁금한 걸 모두 담은 이 책과 함께 20일 영어 프로젝트로 명품 영어의 기초를 확실히 다질 수 있을 것이다.

저자 조길자 드림

라이팅에서 스피킹으로 연결

 어느 정도 성장한 후 외국어를 습득하게 되면, 논리나 모국어를 토대로 외국어를 받아들이므로, 대화 상대가 기다리고 있는 상황에서 곧바로 외국어 문장을 만들려면 급조하게 되어 엉터리 문장이 만들어지기 쉽다. 특히 언어 구조가 아주 다른 한국인들에게는 더 어렵다. 그러므로, 문장 만들기를 통해 라이팅을 한 다음 스피킹으로 옮겨갈 때 큰 효과를 얻을 수 있다. 또한 각 직장에서 글로벌 업무를 할 때 스피킹보다 훨씬 많이 사용하고 잘해야 하는 능력이 라이팅이다. 언어 영역의 정점이기 때문에 이것을 배우면 나머지 언어 영역들이 모두 쉬워지기도 한다.

이 책의 특징

01. 아는 문법에서 적용하는 문법으로 바꾸었다.

02. 구조 기반의 문장 만들기에 초점을 두어 스피킹과 라이팅(Output English)이 가능하도록 하였다.

03. 최대한 쉬운 문법용어 및 설명으로 개념을 이해하도록 하였다.

04. 개념을 연결한 영어 흐름 체계를 심어주고 있다.

05. 취업/직무에 활용할 산업 현장의 콘텐츠를 담고 있다.

06. 고급 영어로 이어지도록 미세한 오류까지 예방할 수 있는 내용들을 포함하고 있다.

# 제1부

제1장 [주어+동사] 기본 틀 만들기
[Subject+Verb Coupling]

1-1 영어 하려는데 한국어가 생각나면? … 16
1-2 주어+동사 짝짓기 4가지 원칙 … 18
1-3 숨은 주어 … 19
1-4 동사가 없는 문장 … 20
1-5 시간/거리/날씨의 주어 … 21
1-6 There is~의 주어 위치 … 22
Practice 01

제2장 동사 변화시키기
[Verb Conjugation]

2-1 시제 맞추기 - 12가지 중 하나 [Tense] … 26
   1) 현재 시제 [Present]
     Practice 02
   2) 과거 시제 [Past]
     Practice 03
   3) 미래 시제 [Future]
     Practice 04
2-2 '진행형' 시제에 못쓰는 '상태동사' [Non-action Verb] … 40
   Practice 05
2-3 태 맞추기 [Voice] … 43
2-4 시제와 태의 만남 [Combination of Tense and Voice] … 44
   Practice 06
2-5 도우미동사들 [Auxiliary Verbs] … 47
   Practice 07

제1부

제3장 [주어+동사] 다음의 문장 구조
[5 Basic Structure Types of Sentence]

3-1 문장의 기본 5가지 구조 52
    [5 Basic Structure Types]

3-2 기본 문장구조의 구성요소들 53
    [Components of Basic Structures]

Practice 08

제4장 부정문/의문문/부가의문문/명령문 만들기
[Negatives/Questions/Tag Questions/Imperatives]

4-1 부정문 [Negatives] 58

4-2 의문문 [Questions] 60

4-3 부가의문문 [Tag Questions] 62

4-4 명령문 [Imperatives] 64

Practice 09

제5장 단어 기능(품사) 이해하기
[Parts of Speech]

5-1 단어와 8가지 품사 [Words & 8 Parts] 68
    1) 명사[Noun] ★
    Practice 10
    2) 대명사[Pronoun]
    Practice 11

제1부

    3) 동사 [Verb]
    Practice 12
    4) 형용사[Adjective]
    5) 부사[Adverb]
    Practice 13
    6) 전치사[Preposition]
    7) 접속사[Conjunction]
    Practice 14
    8) 감탄사[Exclamation]

5-2 명사의 수량 표현   96
    1) 수량 표현의 구분
    2) Each와 Every
    3) most와 most of 구분 (all/both)
    4) 명사와 명사의 만남
    Practice 15

5-3 another/other/the other 구분   102

5-4 긴 숫자 읽기   103

5-5 가짜 주어/목적어 It   104
    Practice 16

제6장 명사 앞의 골칫거리 관사 [Article]

6-1 관사의 역할과 사용   110
6-2 a/an [부정관사]   110
6-3 the [정관사]   112
6-4 관사가 필요 없는 경우   117
Practice 17

제1부

제7장 한 단어처럼 사용하는 [To+동사]
[To Infinitive]

7-1 명사로 사용	122
7-2 형용사로 사용	123
7-3 부사로 사용	123
7-4 to를 생략하는 경우	124
7-5 형용사 뒤의 「to+동사」	125
7-6 for ~ to+동사	126
Practice 18	

제8장 [To+동사]와 [동사ing]의 구분
[To Infinitive vs. Gerund]

8-1 [To+동사]와 [동사ing]의 역할 비교	130
8-2 동사 뒤의 목적어로 쓰일 경우	131
1) [To+동사]와 [동사ing]가 함께 올 수 있는 동사	
2) [To+동사]만 올 수 있는 동사	
3) [동사ing]만 올 수 있는 동사	
4) 둘 다 올 수 있으나 뜻이 달라지는 동사	
8-3 [To+동사]와 [동사ing]의 시제	132
Practice 19	

제9장 스펠링이 같아 혼동되는 동명사와 현재분사
[Gerund vs. Present Participle]

9-1 동명사의 적용	136
9-2 현재분사의 적용	137
Practice 20	

제1부

제10장 널리 쓰이는 의문사 [Question Words]

10-1 의문문에 사용   142
10-2 명사절에 사용   144
10-3 형용사절에 사용   145
10-4 부사절에 사용   145

Practice 21

제2부

제11장 구와 절 사용하기
[Phrase & Clause]

11-1 구의 종류와 사용 — 150
    1) [전치사+명사]구의 역할
    2) 부사구의 활용

11-2 절의 종류와 사용 — 151
    1) 독립절 [Independent Clause]
    2) 종속절 [Subordinate Clause]

Practice 22

제12장 명사절
[Noun Clause]

12-1 명사절의 역할 — 156
12-2 의문사로 시작하는 명사절 — 156
12-3 that으로 시작하는 명사절 — 157
12-4 if/whether로 시작하는 명사절 — 158
12-5 because로 시작하는 명사절 — 158
12-6 명사절의 변형 — 159

Practice 23

제13장 남의 말 전달하는 화법 – 또 하나의 명사절
[Quoted Speech]

13-1 그대로 전달하기 [직접 화법 –Direct Report] — 164
13-2 내 말로 바꿔 전달하기 [간접 화법 –Indirect Report] — 165

Practice 24

제2부

제14장 앞 단어를 설명해주는 관계대명사의 형용사절 I
[Adjective Clause I]

14-1 형용사절을 이끄는 대명사	170
14-2 사람을 나타내는 형용사절의 대명사	171
14-3 사물을 나타내는 형용사절의 대명사	171
14-4 사람/사물을 모두 나타낼 수 있는 that	172
14-5 that만 사용해야 하는 경우	172
Practice 25	

제15장 형용사절 II
[Adjective Clause II]

15-1 형용사절 앞의 콤마(,)	176
15-2 대명사 앞의 전치사와 관계부사	177
15-3 형용사구로 줄이기	178
Practice 26	

제16장 문장 전체의 상황을 말해주는 부사절
[Adverb Clause]

16-1 부사절의 기능과 위치	182
16-2 때를 나타내는 부사절	183
16-3 조건을 나타내는 부사절	184
16-4 이유를 나타내는 부사절	184
16-5 반대 상황을 나타내는 부사절	185
Practice 27	

제2부

제17장 조건 부사절 [가정법]
[Conditional Clause]

17-1 동사의 특별한 변화 … 190
17-2 주된 절과 조건절의 시점 차이 … 191
Practice 28

제18장 부사절 ⇒ 부사구로 줄이기 [분사구문]
[Participial Construction]

18-1 간결한 분사구문 만들기 … 197
18-2 분사구문의 시제 … 198
18-3 수동태 분사구문 … 198
Practice 29

제19장 어법 조절 – 조동사
[Modal]

19-1 조동사가 왜 중요할까? … 202
19-2 Should/Have to/Must의 차이 … 203
19-3 태도와 강도의 차이 … 204
19-4 조동사의 종류와 적용 … 205
Exercise 30

제2부

제20장 기타 [Miscellaneous]

20-1 Wish와 Hope　　　　　　　　　　　　　　210
20-2 연결동사 [Linking Verb]　　　　　　　　　211
20-3 요구상황의 명사절 [Subjunctive]　　　　　212
20-4 형용사절과 혼동되는 명사절　　　　　　　212
20-5 Only로 시작되는 문장　　　　　　　　　　213

부록 Answer Keys　　　　　　　　　　　　　　216
[Writing의 문장 = Speaking 질문에 대한 대답]

This page is intentionally left blank.

제1부

제1장
[주어+동사] 기본틀 만들기
[Subject+Verb Coupling]

1-1 영어 하려는데 한국어가 생각나면?
1-2 주어+동사 짝짓기 4가지 원칙
1-3 숨은 주어
1-4 동사가 없는 문장
1-5 시간/거리/날씨의 주어
1-6 There is ~의 주어 위치
Practice 01

제1장
[주어+동사] 기본틀 만들기
[Subject+Verb Coupling]

1-1 영어 하려는데 한국어가 생각나면?

* 비교적 어릴 때부터 영어에 노출된 학생들이 많기 때문에, 간단한 문장 정도는 영어로 직접 말하고 쓸 수 있을 것이다. 하지만 조금만 길고 복잡한 말을 하려면 한국어만 맴돌고 순간적으로 변환되지 않는 상태를 많이 경험했을 것이다. 이것은 성장하면서 모국어인 한국어가 자신의 언어 프로그램으로 중심에 잡혀있기 때문이며 자연스러운 현상이다.
* 더구나 변환하려 할 때 한국어의 구조가 영어의 구조와 판이하게 다른 데다 한국어는 구성요소들의 위치가 유동적이기 때문에 영어 문장으로 옮겨가는 것이 어렵게 된다.

Ex.

한국어	Eng.
• 어제 친구와 취업 박람회에 갔었다. • 어제 취업 박람회에 친구와 갔었다. • 친구와 어제 취업 박람회에 갔었다. • 취업 박람회에 어제 친구와 갔었다. • 취업 박람회에 친구와 어제 갔었다. • 친구와 취업 박람회에 어제 갔었다. • 취업 박람회에 친구와 어제 갔었다.	• Yesterday I went to a job fair with my friend. • I went to a job fair with my friend yesterday.

위 예문에서 볼 수 있듯이 한국어는 토씨(조사)가 도움을 주고 있어 순서를 다르게 해도 이해가 잘 되는 특징 때문에 일정한 순서가 없다. 하지만 영어 문장은 부사인 yesterday만 위치가 유동적일 뿐 다른 요소들은 각각의 위치를 고수하고 있다. 결국 한국어의 특징 때문에 영어 문장을 만드는 데 어려움을 겪는 것이다.

해결책은?

1) 영어 구조에 초점을 두어 공부하는 것이다.
위에서 설명했듯이, 영어는 비교적 구성요소들이 정해진 위치를 가지고 있으므로 어렵지 않게 문장 만들기에 성공할 수 있다.

2) Output English(내보내는 영어), 즉 라이팅과 스피킹을 먼저 공부하는 것이다.
흔히들 긴 시간을 읽고, 듣고, 문법을 익히는, 즉 나에게로 들어오는 영어(Input English)에 대부분의 시간을 보내면서 실제로 대화하려 할 때, 글을 쓰려 할 때는 어려움을 겪게 되는 상황이다. 자신이 문장을 만들 줄 알게 되면 다른 사람이 만든 문장을 훨씬 쉽게 받아들일 수 있어, 자연스럽게 리딩과 리스닝도 시간을 많이 단축할 수가 있다.

3) 단어 외에 말뭉치를 외우는 것이 효과를 높인다.
영어는 하나의 단어가 여러 가지 의미나 품사로 쓰이는 경우가 많아 한 가지 뜻만 담겨 있는 단어장을 외우는 방식은 문장을 만들어 사용하는 데 많은 어려움을 초래한다. 또한 아주 간단한 관용 표현들은 문장 통째로 기억해서 수시로 사용하면 기본 대화는 얼마든지 처음부터 할 수 있게 된다.

예를 들어,

Have a good trip. (여행 잘 다녀오세요)

Have a good trip back. (잘 가세요 - 출발지로 다시 돌아갈 때)

Have good lunch. (점심 맛있게 드세요)

Have a good dream. (잘 자요)

Have a good time. (좋은 시간 보내세요)

Have good holidays. (휴일 잘 보내세요)

See you later. (나중에 봐요)

See you on Monday. (월요일에 봐요)

See you then. (그때 만나요)

See you there. (그곳에서 만나요)

See you there then. (그때 거기서 봅시다)

See you next week. (다음 주에 봐요)

이러한 방법들이 전략 없이 공부하던 상황의 부족한 점들을 많이 제거해줄 것이다.

1-2 주어+동사 짝짓기 4가지 원칙

우선 한국어는 동사가 맨 뒤에 오지만, 영어는 주어 바로 다음에 오는 구조이다. [주어+동사]만 합체시켜 기본 틀만 구성하면 예상 외로 쉽게 영어 문장이 만들어질 때가 많다.

Ex.1

<u>그 회사는</u> 내년에 200명의 직원을
[주어]

채용할 것이다.
[동사]

↔

<u>The company</u> <u>will hire</u> 200 employees
[주어]　　　　[동사]

next year.

Ex.2

<u>나는</u> 자동차설계팀에 **지원할 것이다.**
[주어]　　　　　　　　[동사]

↔

<u>I</u> <u>will apply</u> to its automotive design
[주어] [동사]

team.

이렇게 영어 문장의 기본 틀을 만들 때 일반 문장들과 다른 경우들이 있다. 이때 다음의 4가지 원칙을 적용하면 쉽게 해결될 것이다.

> **원칙 01** 숨은 주어는 찾을 것.
> **원칙 02** 한국어에 동사가 없는 경우에는 be동사를 택할 것.
> **원칙 03** 시간/거리/날씨를 나타낼 때는 It을 주어로 할 것.
> **원칙 04** There is(are)로 시작하는 문장은 주어를 그 뒤에 놓을 것.

1-3 숨은 주어

한국어는 주어가 종종 생략되며, 주어도 아닌데 주어에 붙는 토씨와 같은 것이 붙기도 하므로, 영어 문장의 주어를 무엇으로 할지 혼란스러울 때가 있다.

Ex.1

비즈니스 영어는 취업하기 전에 대학에서 배워야 한다. **We** should learn business English at college before getting a job.

이 예문에서 주어는 생략되어 있으며, '일반인', '일반 학생들' 또는 '일반 직장인들'을 의미할 것으로 유추된다. '비즈니스 영어'의 토씨 '는'이 붙었다 해서 주어는 아니므로, 주어인 일반인을 지칭하는 대명사를 주어로 한 것이다.

Ex.2

요즘에는 대부분 신입사원을 인턴으로 채용한다. These days, **most companies** hire new employees as interns.

이 예문의 주어는 더 모호한데, 상황을 아는 사람들 사이에서 '대부분의 회사(기업)들' 또는 넓은 범위로 '대부분의 조직들'이 될 수도 있을 것이나 가장 흔히 오가는 말을 주어로 설정한 것이다.

이외에도 너무 긴 주어는 영어에서 피하는 경향이 있어 가짜 주어 It를 사용할 때도 있다. 어쨌든 영어 문장을 만드는 데 주어가 모호하거나 숨어 있을 때 주어를 찾아내서 잘 설정하는 것이 중요하다.

1-4 ▸ 동사가 없는 문장

영어 문장에서는 어떤 경우에도 동사가 없을 수 없지만, 한국어에는 아주 흔하다. 특히 상태를 설명하는 문장들이 그런 경우에 속한다.

Ex.1

성공의 열쇠는 **일률적인 품질이다.** ↔ The key to success **is** uniform quality.

주어 설명 ▸ 명사 (일률적인 품질)

Ex.2

그 호텔은 훌륭한 음식으로 유명 하다. ↔ The hotel **is** famous for its excellent foods.

주어 설명 ▸ 형용사 (유명하다)

첫 번째 예문에서는 주어에 대한 설명이 명사로 되어 있고, 두 번째 예문에서는 형용사로 되어 있다. 즉 한국어 문장에서 동사 없이 서술하고 있는데, 영어 문장 둘 다에서 동사가 be동사로 되어 있다.

1-5 시간/거리/날씨의 주어

시간, 거리, 그리고 날씨를 표현할 때는 대부분 It를 주어로 택한다. 물론 정확한 이해를 위해 반드시 명사로 각 단어를 써주어야 하는 경우도 있으나, 일반적인 표현에서는 It이라는 대명사로 소통이 된다.

Ex.1

공항에서 그 회사까지는 1시간 반 걸린다. It takes one and a half hours from the airport to that company.

시간을 나타내는 주어 ▶ It

Ex.2

우리 사무실에서 그 호텔까지 대략 40km이다. It is about 40km from our office to that hotel.

거리를 나타내는 주어 ▶ It

Ex.3

우리가 그곳에 방문했을 때 날씨가 흐렸다. It was cloudy when we visited there.

날씨를 나타내는 주어 ▶ It

1-6 There is~의 주어 위치

모든 영어 문장에서 주어는 맨 앞에 오지만, '~가 있다'란 의미로 쓰이는 There is(are)~ 형태의 문장에서는 주어가 그 뒤에 자리한다.

Ex.1

한국에는 관광 명소가 많다. There are **many tourist attractions** in South Korea.

Ex.2

우리 대학 가까이에는 전철역이 있다. There is **a subway station** near my university.

Practice 01-a [Writing]

001 **우리 회사는** 서울 도심에 **있어요.**
002 인천공항에서 차로 1시간 **걸려요.**
003 여러 가지 이유로 이 회사를 **선택했어요.**
004 훌륭한 복지제도를 **제공하거든요.**
005 **출산 휴가 제도도** 그 중 하나**예요.**

Practice 01-a [Speaking]

006 Q : Where is your company?
    A : _____ is located in downtown of Seoul.
007 Q : How long does it take to get there from the airport?
    A : _____ one hour from Incheon International Airport by car.
008 Q : Why did you choose your company?
    A : _____ this company for several reasons.
009 Q : What are those reasons?
    A : _____ an excellent welfare benefit system.
010 Q : Can you give me an example?
    A : _____ one of them.

어휘 도우미
- 복지제도 : welfare (benefit) system
- 출산휴가 제도 : maternity leave system

Practice 01-b [Writing]

011 **나의 전공은** 교육공학**입니다.**
012 유망한 학문(discipline, study)**이죠.**
013 **나의 직업 목표는** 글로벌 기업에서 일하는 것**이에요.**
014 물론 한국에도 **글로벌 기업들이 많죠.**
015 앞선 교육 시스템을 **설계할 거예요.**

Practice 01-b [Speaking]

016 Q : What is your major?
   A : _____ educational technology.
   (_____ in educational technology.)
017 Q : How is it?
   A : _____ a promising discipline.
018 Q : What is your career goal?
   A : _____ to work at a global company.
019 Q : How about a Korean company?
   A : Of course, _____ many global companies also in Korea.
020 Q : What will you do at such a company?
   A : _____ advanced education systems.

어휘 도우미

- 교육공학 : educational technology

제1부

제2장
동사 변화시키기
[Verb Conjugation]

2-1 시제 맞추기 -12가지 중 하나 [Tense]
  1) 현재 시제 [Present]
     Practice 02
  2) 과거 시제 [Past]
     Practice 03
  3) 미래 시제 [Future]
     Practice 04
2-2 '진행형' 시제에 못쓰는 '상태동사' [Non-action Verb]
     Practice 05
2-3 태 맞추기 [Voice]
2-4 시제와 태의 만남 [Combination of Tense and Voice]
     Practice 06
2-5 도우미동사들 [Auxiliary Verbs]
     Practice 07

제2장
동사 변화시키기
[Verb Conjugation]

2-1 시제 맞추기 - 12가지 중 하나 [Tense]

* [주어+동사]로 문장의 기본 틀을 만들 때, 동사의 '시제'와 '태'를 상황에 맞게 변화시켜야 한다.
* 어떤 언어든 동사는 시제, 즉 동작이나 상태의 과거, 현재, 미래의 상황을 나타내는 시제를 맞추도록 되어 있다.
  이것이 틀릴 때는 완전히 다르게 이해하거나, 아예 이해할 수 없게 되기 때문이다.
* "두 시간 전에 시험을 치를 거야." - 누군가 이렇게 말했다면, 내용 전달이 안 되어 되물어야 할 것이다.
  "두 시간 전에 시험을 치렀다는 거지?", 또는 "두 시간 후에 시험을 치를 거라는 거야?"
* 영어 문장에서 이 '시제'는 구조상 주어 바로 뒤에 동사가 오기 때문에 문법을 익히고자 할 때 제일 먼저 만나게 된다.

Point
단어를 문장에서의 역할에 따라 구분하는 것이 품사이고, 영어는 8가지 품사를 가지고 있음. 그 중 동사는 주어 바로 뒤에서 주어의 동작이나 상태를 설명해줌. 각 품사에 관한 상세 설명은 제 5장 참조.

시제 12가지

한국어 시제는 대략 3가지로 크게 나누지만, 영어의 시제는 12가지로 구분해서 각 상황에 맞게 적용해야 한다.

시제 분류		동사 형태 예문
현재 (Present)	기본 (Simple)	I work every day.
	진행 (Progressive)	I am working.
	완료 (Perfect)	I have worked until now.
	완료진행 (Perfect Progressive)	I have been working.
과거 (Past)	기본	I worked yesterday.
	진행	I was working.
	완료	I had worked.
	완료진행	I had been working.
미래 (Future)	기본	I will work.
	진행	I will be working.
	완료	I will have worked.
	완료진행	I will have been working.

1) 현재 시제 [Present]

(1) 현재 – 기본 (Simple)

평소의 상황 – 습관, 규칙, 일반적인 사실

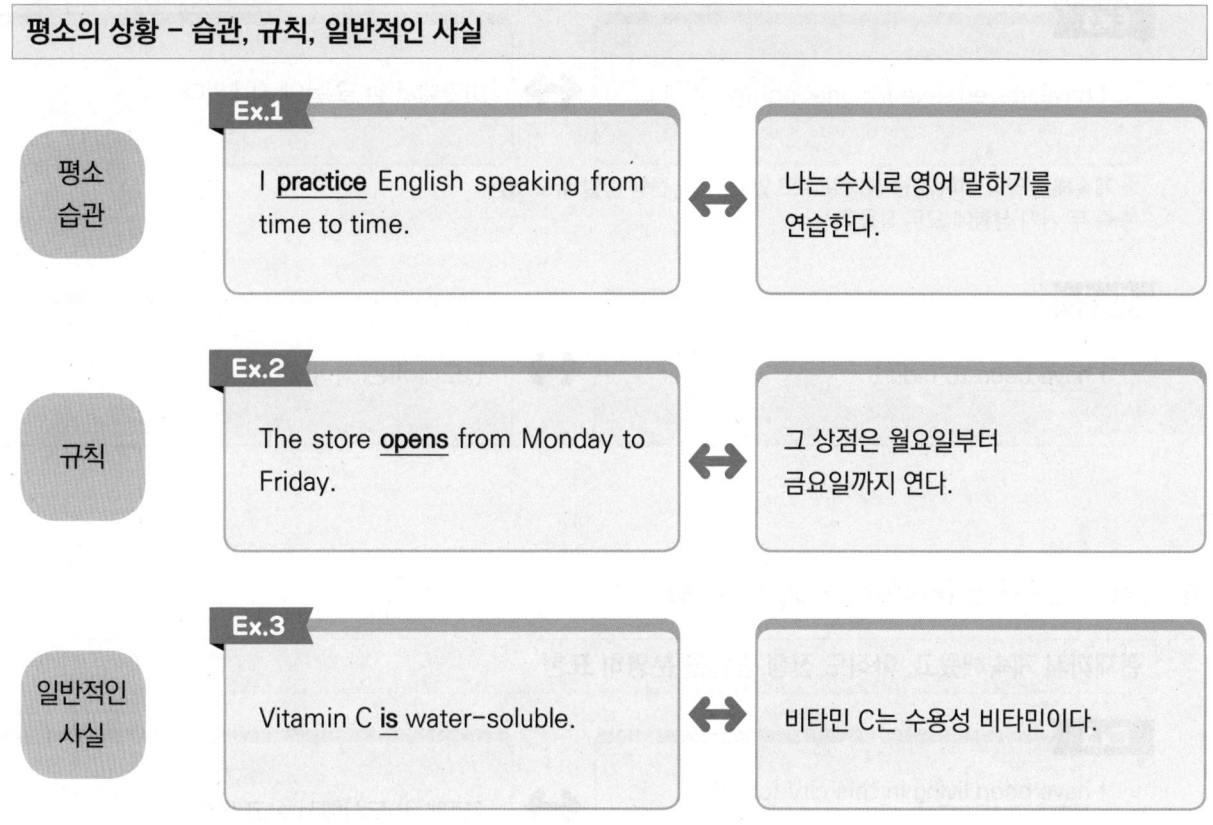

- 평소 습관 — Ex.1: I **practice** English speaking from time to time. ↔ 나는 수시로 영어 말하기를 연습한다.
- 규칙 — Ex.2: The store **opens** from Monday to Friday. ↔ 그 상점은 월요일부터 금요일까지 연다.
- 일반적인 사실 — Ex.3: Vitamin C **is** water-soluble. ↔ 비타민 C는 수용성 비타민이다.

(2) 현재 – 진행 (Progressive)

말하고 있는 순간, 또는 현재를 포함하는 기간에 진행 중인 상황

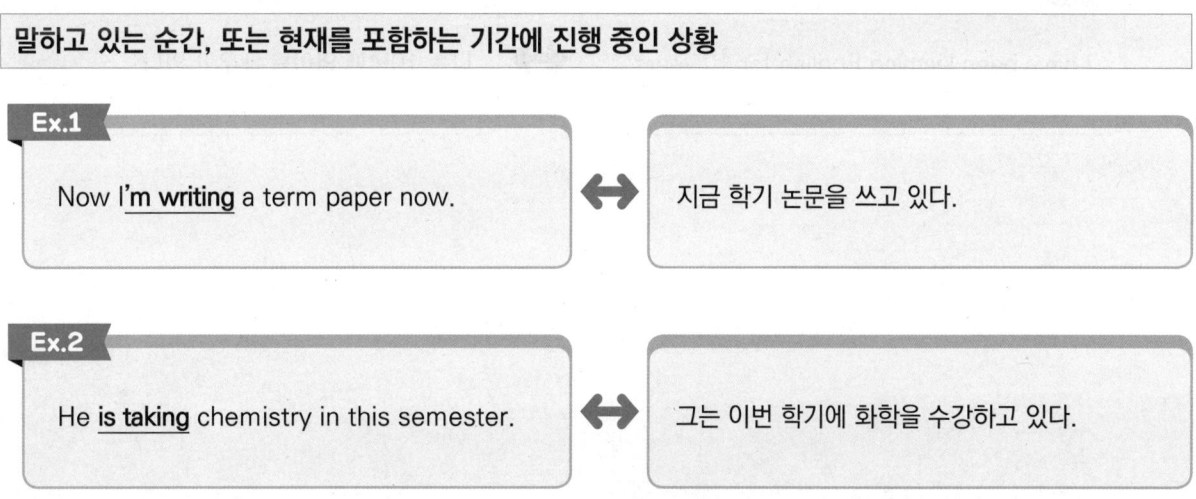

- Ex.1: Now I'm writing a term paper now. ↔ 지금 학기 논문을 쓰고 있다.
- Ex.2: He **is taking** chemistry in this semester. ↔ 그는 이번 학기에 화학을 수강하고 있다.

(3) 현재 – 완료 (Perfect)

(i) 현재까지 계속해 온 상황.   (ii) 예전의 일이지만 시점이 분명치 않은 상황

Ex.1

I **have stayed** here for one month. ↔ 이곳에서 한 달 동안 지내왔다.

※ 계속해온 일이 이미 끝난 상태일 수도 있고, 아직 진행 중일 수도 있음.
  즉 두 가지 상황에 모두 적용 가능.

Ex.2

I **have been** to India. ↔ 인도에 가본 적이 있다.

(4) 현재 – 완료진행 (Perfect Progressive)

현재까지 계속해왔고, 아직도 진행 중임을 분명히 표현

Ex.1

I **have been living** in this city for two years. ↔ 2년째 이 도시에서 살고 있다.

Ex.2

I **have been learning** English for 10 years. ↔ 나는 10년째 영어를 배우고 있다.

현재 완료 vs. 현재 완료진행 (비교)

- 현재완료: 현재 진행 중인지 끝난 일인지 불분명.
- 현재완료진행: 현재 진행 중임을 명확하게 강조.

현재 완료 – a	현재 완료진행 – b
I have waited for you for one hour.	I have been waiting for you for one hour.

너를 한 시간 기다렸어.   너를 한 시간째 기다리고 있어.

 NOTE

만나기로 약속한 사람이 한 시간 늦은 상태에서 상대방에게 가고 있는 중에 이 말을 들었다면 a)는 기다리다 가버린 상황인지, 아직도 기다리고 있는지 알 수 없지만, b)는 확실하게 아직 기다리고 있다는 메시지가 됨.

Practice 02-a [Writing]

021 베트남에 몇 번 **가본 적이 있어요.**

022 우리 사촌이 하노이에서 **살고 있어요.**

023 2년째 한국어 학교에서 **일하고 있답니다.**

024 수백 명의 학생들이 이 학교에 **다녀요.**

025 그들 중 일부는 한국어능력인증시험을 **준비해요.**

Practice 02-a [Speaking]

026 Q : Which country have you been?
     A : I _____ to Vietnam several times. [be]

027 Q : Do you have a friend there?
     A : My cousin _____ in Hanoi. [live]

028 Q : What does he do?
     A : He _____ at a Korean language school for two years. [work]

029. Q : How many students attend that school?
     A : Hundreds of students _____ it. [attend]

030 Q : Do they just learn how to speak?
     A : Some of them _____ for TOPIK. [prepare]

> **어휘 도우미**
>
> • 한국어능력인증시험 : TOPIK(Test of Proficiency in Korean)

Practice 02-b [Writing]

031 나는 대학에서 자원봉사 동아리 회원**이에요.**

032 3년간 여러 가지 활동을 **했어요.**

033 매월 다문화가정에 **방문합니다.**

034 그 가정들의 자녀들에게 한국어를 **가르치기도 했죠.**

035 가끔은 문화 지도사나 상담자가 **되기도 한답니다**.

Practice 02-b [Speaking]

036 Q : Do you have experience of extra-curricular activity?
A : I _____ a member of volunteer club at university.   [be]

037 Q : How long have you done the activities?
A : I _____ a variety of activities for 3 years.   [do]

038 Q : Can you give some examples?
A : I _____ multi-cultural families every month.   [visit]

039 Q : What is your service for them?
A : I _____ Korean to their children.   [teach]

040 Q : Is that all you do?
A : Sometimes I _____ a culture guide or counsellor.   [become]

어휘 도우미

- 특별활동 : extra-curricular activity
- 다문화가정 : multi-cultural family
- 자원봉사동아리 : volunteer service club
- 문화 지도사 : culture guide

2) 과거 시제 [Past]

(1) 과거 - 기본 (Simple)

과거 어느 정해진 시점의 상황

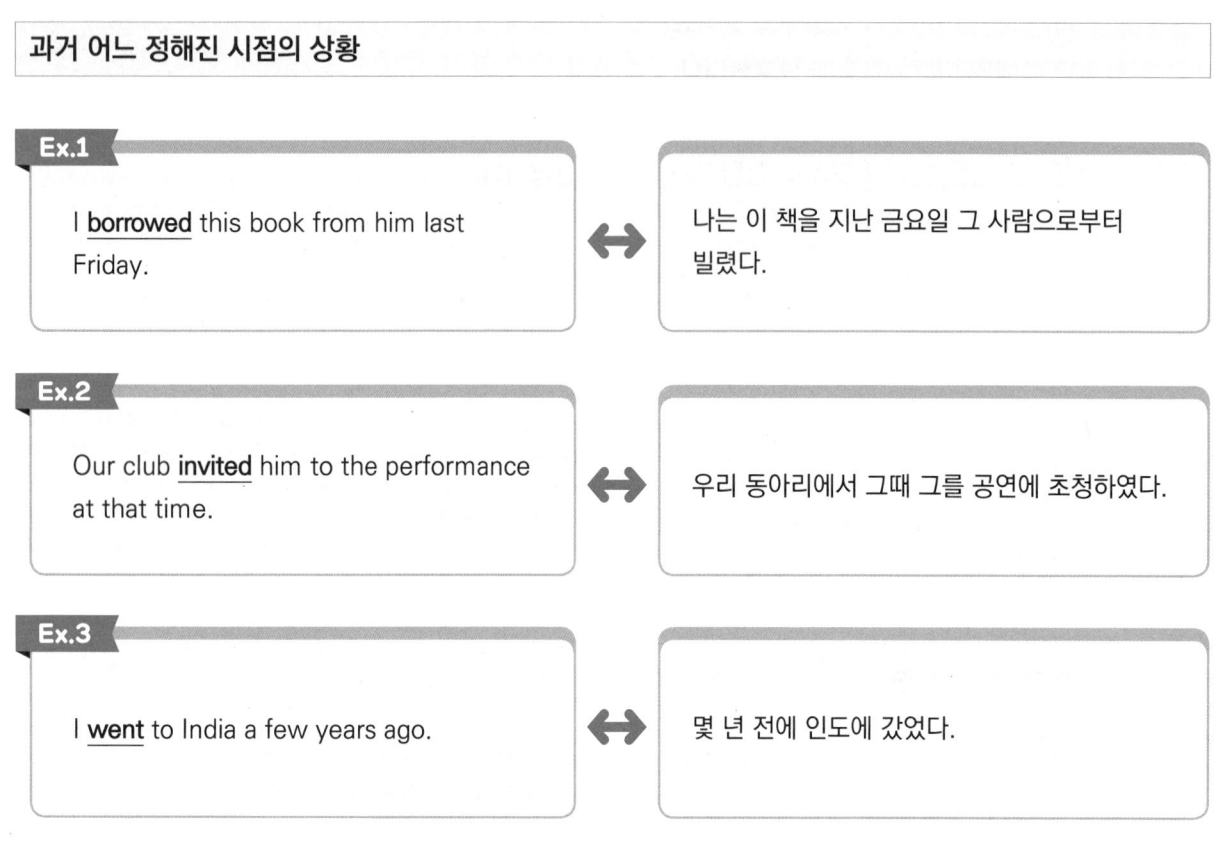

Ex.1
I **borrowed** this book from him last Friday.
↔ 나는 이 책을 지난 금요일 그 사람으로부터 빌렸다.

Ex.2
Our club **invited** him to the performance at that time.
↔ 우리 동아리에서 그때 그를 공연에 초청하였다.

Ex.3
I **went** to India a few years ago.
↔ 몇 년 전에 인도에 갔었다.

(2) 과거 - 진행 (Progressive)

과거 어떤 시점에서 진행 중이었던 상황

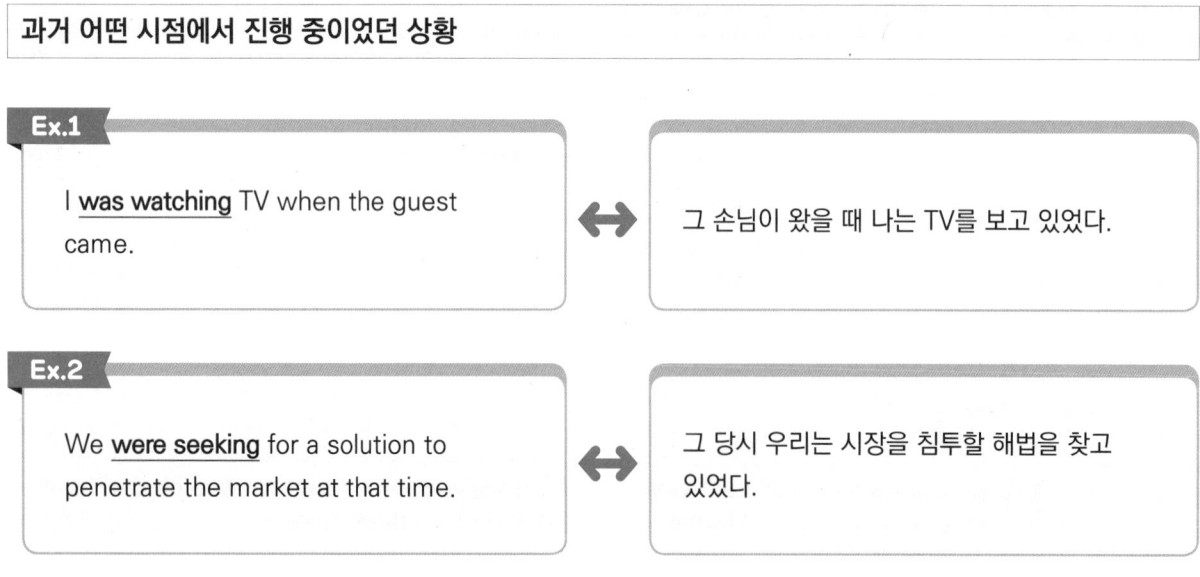

Ex.1
I **was watching** TV when the guest came.
↔ 그 손님이 왔을 때 나는 TV를 보고 있었다.

Ex.2
We **were seeking** for a solution to penetrate the market at that time.
↔ 그 당시 우리는 시장을 침투할 해법을 찾고 있었다.

(3) 과거 - 완료 (Perfect)

> (i) 과거 어느 한 시점까지 계속했던 상황
> (ii) 과거 어느 한 사건이나 시점보다 더 먼저 발생한 상황

Ex.1

They **had exported** this product to Thailand before 2018. 2018년 전엔 그들이 이 제품을 태국에 수출했었다.

Ex.2

I **had worked** at the company before leaving this country. 나는 이 나라를 떠나기 전에 그 회사에서 일했었다.

(4) 과거 - 완료진행 (Perfect Progressive)

Ex.1

My family **had been living** in that town for a long time until he moved in there. 우리 가족은 그가 이사 올 때까지 오랫동안 그 마을에서 살고 있었다.

Ex.2

I **had been sleeping** until she woke me up. 그녀가 나를 깨우기까지 계속 잠자고 있었다.

Practice 03-a [Writing]

041 지난주에 인도네시아에 **출장 갔었어요.**

042 자카르타에 있는 5성 호텔에서 **묵었어요.**

043 그곳에서 인도네시아 정부가 컨퍼런스를 **개최하고 있었거든요.**

044 제가 우리 연구원의 대표로 프레젠테이션을 **했어요.**

045 참석자들로부터 좋은 호응을 **얻었습니다.**

Practice 03-a [Speaking]

046 Q : When and where did you go on a business trip?
   A : I _____ on a business trip to Indonesia last week. [go]

047 Q : Where did you stay?
   A : I _____ at a 5-star hotel in Jakarta. [stay]

048 Q : Was there some event?
   A : The Indonesian government _____ a conference there. [hold]

049. Q : Did you do something at the conference?
   A : I _____ a presentation as the representative of our institute. [make]

050 Q : How was the result of your presentation?
   A : I _____ a good response from the attendees. [get]

> **어휘 도우미**
> - 출장가다 : go on a business trip
> - 5성 호텔 : 5-star hotel
> - 참석자 : attendee

Practice 03-b [Writing]

051 몇 주 전에 나는 제주도를 **방문했어요.**

052 제주공항에서는 직장동료가 **기다리고 있었어요.**

053 한 호텔에서 스마트 시티에 관한 포럼이 **있었어요.**

054 주최 측에서 각 분야의 많은 전문가들을 **초청하였습니다.**

055 그들의 발표내용은 주로 첨단 기술에 관한 것**이었어요.**

_____

_____

_____

_____

Practice 03-b [Speaking]

056 Q : Have you been somewhere recently?
　　A : I _____ Jeju a few weeks ago. [visit]

057 Q : Did you meet someone there?
　　A : My coworker _____ for me at the airport. [wait]

058 Q : Why did you go there?
　　A : There _____ a forum on Smart City at a hotel. [be]

059 Q : Who attended the forum?
　　A : The organizer _____ many experts of diverse fields. [invite]

060 Q : What did they discuss?
　　A : Their presentations _____ mainly about high technologies. [be]

어휘 도우미

- 직장동료 : coworker
- 주최 측 : organizer
- 첨단 기술 : high technology

3) 미래 시제 [Future]

(1) 미래 - 기본 (Simple)

미래의 일을 예측하거나 할 예정임을 표현

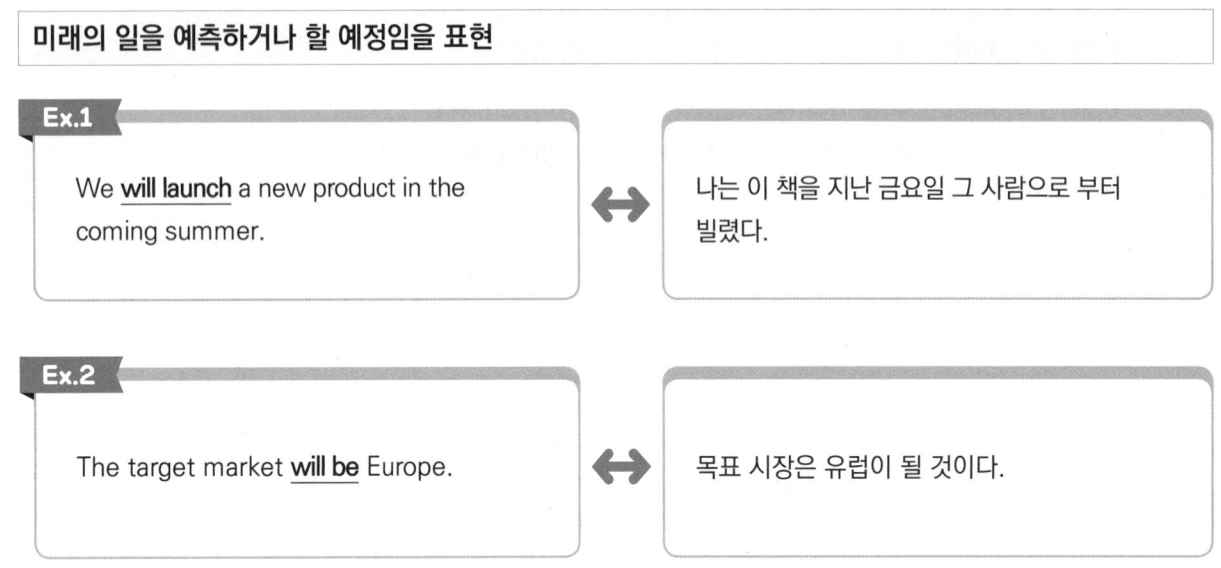

Ex.1
We **will launch** a new product in the coming summer.
↔ 나는 이 책을 지난 금요일 그 사람으로 부터 빌렸다.

Ex.2
The target market **will be** Europe.
↔ 목표 시장은 유럽이 될 것이다.

(2) 미래 - 진행 (Progressive)

미래 어느 시점에 진행 중일 상황

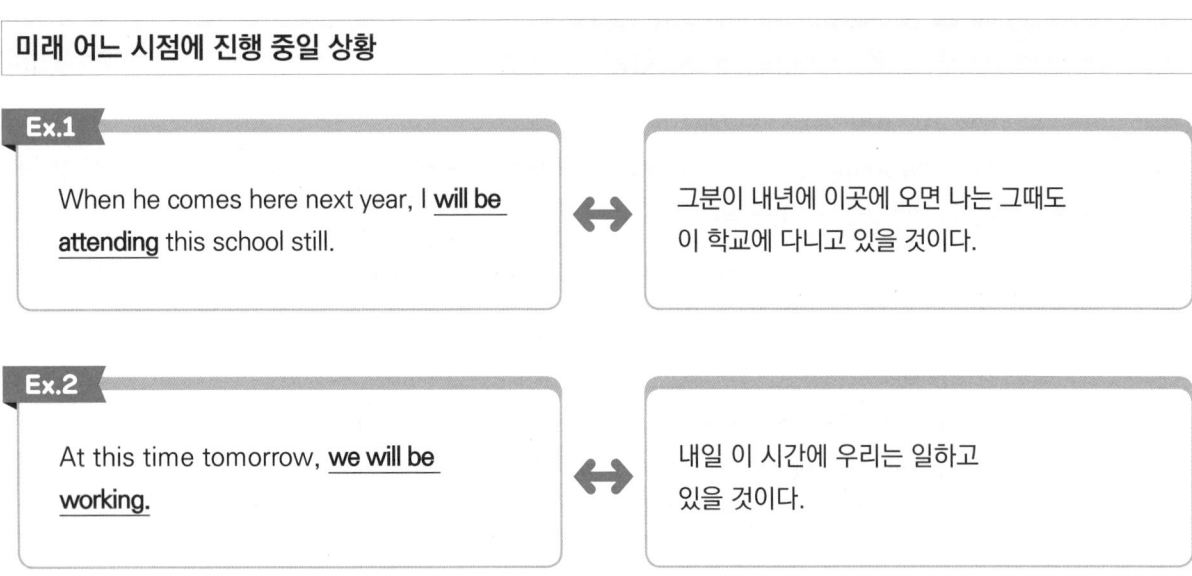

Ex.1
When he comes here next year, I **will be attending** this school still.
↔ 그분이 내년에 이곳에 오면 나는 그때도 이 학교에 다니고 있을 것이다.

Ex.2
At this time tomorrow, **we will be working.**
↔ 내일 이 시간에 우리는 일하고 있을 것이다.

(3) 미래 - 완료 (Perfect)

> (i) 미래 어느 시점에서 볼 때 그때까지 계속했을 상황
> (ii) 미래 어느 시점 기준으로 그 이전에 일어났을 것이나, 시점이 정확하지 않은 상황

Ex.1

I **will have graduated** from this school in July of next year.

내년 7월이면 나는 이 학교를 졸업했을 것이다.

Ex.2

When I graduate from school, he **will have got** a job already.

내가 졸업할 때면, 그는 이미 취업했을 것이다.

(4) 미래 - 완료진행 (Perfect Progressive)

> 미래 어느 시점에서 볼 때 그때까지 계속 했고 그 당시에도 진행 중일 상황

Ex.1

If I continue to live in Korea until next year, I will **have been staying** here for five years.

내년까지 한국에서 계속 산다면, 5년째 이곳에서 사는 게 될 것이다.

Ex.2

If the conditions allow, I **will have been working** at this company even until the age of 60 years.

여건이 허락한다면, 나는 60세까지도 이 회사에서 일하고 있을 것이다.

Practice 04-a [Writing]

061 우리는 온라인 설계 학교를 **세울 겁니다.**

062 이것을 통해서 자동차 설계를 **가르칠 거예요.**

063 여러 나라에 분교도 **오픈할 겁니다.**

064 이것을 몇몇 대학들의 웹사이트들과도 **연결시킬 예정이에요.**

065 10년 후에는 세계적인 온라인 설계학교가 **되었을 걸요.**

Practice 04-a [Speaking]

066 Q : What is your plan for next year?
   A : We _____ an online design school. [establish]

067 Q : What will you teach in there?
   A : We _____ automative design through this. [teach]

068 Q : Will you open it only in Korea?
   A : We _____ our branch schools in many countries. [open]

069 Q : How will you expand the business scope?
   A : We _____ it with the web sites of several colleges. [link]

070 Q : Do you expect that online school to be prosperous?
   A : After 10 years, it _____ a world-class online design school. [become]

어휘 도우미
- 자동차 설계 : automative design
- 분교 : branch school
- 사업 범위 : business scope
- 세계적인 : world-class

Practice 04-b [Writing]

071 2년 후 나는 산타 클라라에서 **살고 있을 겁니다.**

072 졸업 후에 실리콘 밸리의 한 회사에 **갈 거예요.**

073 그 회사의 인턴쉽 프로그램을 **이수할 예정입니다.**

074 CATIA 인증서를 가지고 있어서 **가능할 거예요.**

075 30대에 나는 유명한 자동차 디자이너가 **되었을 걸요.**

Practice 04-b [Speaking]

076 Q : Where do you want to live?
     A : I _____ in Santa Clara after two years.   [live]

077 Q : Why will you be there?
     A : I _____ to a company in Silicon Valley after graduating.   [go]

078 Q : Will you get a job there?
     A : I _____ an internship program of the company.   [take]

079 Q : Are you sure that it will be possible?
     A : It _____ possible because I have a CATIA certificate.   [be]

080 Q : Would you tell me about your career plan?
     A : In my thirties, I _____ a famous automotive designer.   [become]

2-2 '진행형' 시제에 못쓰는 '상태동사' [Non-action Verb]

움직임이 없이 상태를 설명하는 동사의 경우, 12가지 시제 중 '진행형' 시제에는 적용되지 않는다. 쉬운 기억을 위해 대략 다음과 같이 상태동사들을 분류하였다.

두뇌의 인지상태	마음의 상태	소유의 상태	존재의 상태	감각의 상태
Ex] believe, forget, know, remember, understand, (think).....	Ex] dislike, hate, like, need, prefer, want, (love)....	Ex] belong to, own, possess, (have)....	Ex] be, exist	Ex] hear, sound, (see), (smell), (taste)....

** 상태동사와 일반동사 둘 다에 해당되는 동사들 **

- think ① '믿다' –상태동사(진행형 시제 불가능)
  ② '사고하다' –일반동사 (진행형 시제 가능)

- love ① '사랑하다' –상태동사
  ② '즐기다' –일반동사(enjoy)

- have ① '가지다' –상태동사
  ② '시키다' –일반동사
  ③ '먹다' –일반동사
  ④ '(시간을) 보내다' –일반동사

- see ① '보다' –상태동사
  ② '진찰하다' –일반동사

- smell ① '냄새나다' –상태동사
  ② '냄새맡다' –일반동사

- taste ① '맛이나다' –상태동사
  ② '맛보다' –일반동사

Practice 05-a [Writing]

081 그는 30년의 경험을 **가지고 있어요.**

082 아직도 이 업계의 많은 사람들이 그를 **기억하고 있죠.**

083 그를 10년 전부터 **알고 지내고 있어요.**

084 그는 현재 일할 회사를 **찾고 있답니다.**

085 경기 침체로 인해 어려움을 **겪고 있어요.**

Practice 05-a [Speaking]

086 Q : How long experience does he have?
　　A : He _____ experience of 30 years. [have]

087 Q : Has he shown his excellent work performance?
　　A : Still, many people in the industry _____ him. [remember]

088 Q : How do you know him well?
　　A : I _____ him since 10 years ago. [know]

089 Q : What is his status?
　　A : He _____ a job now. [seek for]

090 Q : How is he doing?
　　A : He _____ difficulty due to economic recession. [have]

> **어휘 도우미**
>
> • 경기 침체 : economic recession

Practice 05-b [Writing]

091 우리 대학은 셀프 서비스 식당을 **가지고 있어요.**

092 저와 학교 친구들이 이곳을 **운영하고 있어요.**

093 오늘은 와인 시음행사를 **하고 있어요.**

094 우리는 이러한 행사가 인기를 끌 것이라 **생각하고 있어요.**

095 대부분의 학생들이 우리 식당을 주점으로 **인식하고 있거든요.**

Practice 05-b [Speaking]

096 Q : Can I have some meal at your university?
    A : Our university _____ a cafeteria.   [have]

097 Q : Who manages it?
    A : I and my schoolmates _____ it.   [run]

098 Q : What can I enjoy there today?
    A : We _____ a wine tasting event today.   [have]

099 Q : How popular is that event?
    A : We _____ such an event will be very popular.   [think]

100 Q : Does that restaurant have good reputation?
    A : Most of the students _____ it as a pub.   [recognize]

어휘 도우미
- 셀프 서비스 식당 : cafeteria
- 학교친구 : schoolmate
- 와인 시음 행사 : wine tasting event
- 주점 : pub

2-3 태 맞추기 [Voice]

동사의 시제를 맞춘 다음 한 가지 더 맞춰야 하는 것이 태[Voice]이다. 한국어 문법에는 능동태/수동태가 없기 때문에 혼동할 때가 많지만, 간단하게 주어가 동사의 행위를 하는지, 당하는지를 구분해주는 개념이다.

능동태 [주어가 동사의 행위를 하는 경우]	수동태 [주어가 동사의 행위를 당하는 경우]
He developed the 3D program 50 years ago. (그는 50년 전에 그 3D 프로그램을 개발했다.)	The 3D program was developed by him 50 years ago. (그 3D 프로그램은 그에 의해 50년 전에 개발되었다.)

수동태

※ 수동태는 [be동사+동사 과거분사]의 형태.

※ 수동태는 반드시 동사가 타동사(vt)인 경우에만 성립된다.
    She **wrote** this book. – write는 목적어(this book)를 가져오는 타동사.
    This book **was written** by her. – 목적어가 수동태 문장의 주어가 됨.
    그러므로 목적어를 가지고 오지 않는 자동사(vi)는 수동태가 성립되지 않음.

※ [by~]는 필요하지 않을 때는 사용되지 않는다.
    Our university **was established** in 1986.

2-4 시제와 태의 만남 [Combination of Tense and Voice]

동사의 시제와 태를 동시에 맞춰야 하므로 이것을 결합한 형태를 암기해두면 문장을 신속하게 만드는 데 도움이 된다.

시제 [Tense]	능동태 [Active]	수동태 [Passive]
현재	기본: She **helps** John. 진행: She **is helping** John 완료: She **has helped** John.	기본: John **is helped** by her. 진행: John **is being helped** by her. 완료: John **has been helped** by her.
과거	기본: She **helped** John. 진행: She **was helping** John. 완료: She **had helped** John.	기본: John **was helped** by her. 진행: John **was being helped** by her. 완료: John **had been helped** by her.
미래	기본: She **will help** John. 진행: She **will be helping** John. 완료: She **will have helped** John.	기본: John **will be helped** by her. 진행: John **will be being helped** by her. 완료: John **will have been helped** by her.

Practice 06-a [Writing]

101 그 프로그램이 이미 **설치되어 있습니다.**

102 이 서비스는 패키지에 **포함되어 있어요.**

103 제가 프로그램을 **실행해보겠습니다.**

104 보안 시스템은 잘 **동작되고 있어요.**

105 아무것도 **필요치 않아요.**

Practice 06-b [Speaking]

106 Q : Have you downloaded what I said?
    A : The program _____ already.   [install]

107 Q : Did you make additional payment?
    A : This service is _____ in the package.   [include]

108 Q : Now can we operate the whole system?
    A : I _____ the program.   [execute]

109 Q : How about security?
    A : The security system _____ well.   [operate]

110 Q : Do we need to do anything else?
    A : A: Nothing _____.   [need]

> **어휘 도우미**
>
> • 추가 지불 : additional payment   • 실행하다 : execute

Practice 06-b [Writing]

111 드디어 당사의 신제품 개발이 **완료되었어요.**

112 지금부터 이 제품의 매뉴얼을 **작성할 거예요.**

113 제품의 수출을 위해 영문으로 **제작되어야 해요.**

114 6개월 동안 엔지니어들과 함께 **작업했어요.**

115 훌륭한 매뉴얼이 **만들어질 거예요.**

Practice 06-b [Speaking]

116 Q : Are you still developing something?
    A : At last, the development of our new product
        _____.   [complete]

117 Q : Then, is everything finished?
    A : From now, we _____ the manual for this product.   [prepare]

118 Q : What is its language version?
    A : It has to _____ in English for export.   [produce]

119 Q : Have you joined the development team?
    A : Yes, I _____ with the engineers for 6 months.   [work]

120 Q : Are you sure to make a good manual?
    A : I'm sure that an excellent manual _____.   [make]

2-5 도우미동사들 [Auxiliary Verbs]

동사 앞에서 동사의 기능이나 의미를 도와주는 동사들로서, 종류와 기능은 다음과 같다.

1) be 동사

기능	구분	적용
주동사		I am a sophomore of university. He is my friend.
도우미동사 (보조동사)	진행형 시제	He is photocopying the drawing.
	수동태	She was shocked.

2) have 동사

기능	구분	적용
주동사		I have many things to do. We had two classes yesterday.
도우미동사 (보조동사)	완료형 시제	I have met him. I have been learning English since I was young.

3) 조동사 (Helping Verbs)

기능	구분		적용
도우미동사 (보조동사)	be able to be going to can could had better have got to have to may might	ought to shall should will would would like to would rather used to	I will prepare a report. The party may claim. You should pay it. I would rather not go.

※ 각 조동사에 관한 상세 내용은 제 19장 참조.

4) do 동사

기능	구분	적용
주동사		I will do my best.
도우미동사 (보조동사)	부정문	I don't trust him.
	의문문	Do you trust him?
	부가의문문	You trust him, don't you?
대동사	동사의 반복 대신 사용	Please submit a report. If you do, I will give a credit to you.

Practice 07-a [Writing]

121 우리 팀은 1학년 학생들의 설계 작업을 **돕고 있어요.**
122 학교에서 모든 것을 **제공하고 있어요.**
123 이번 프로젝트는 한 학기동안 **실시될 겁니다.**
124 이 프로젝트를 통해, 신입생들이 설계 기술을 **향상시킬 수 있을 거예요.**
125 우리 팀은 진행사항에 대한 일일 보고서를 **제출해야 해요.**

Practice 07-a [Speaking]

126 Q : What is your team doing?
   A : Our team _____ freshmen for design work.   [help]
127 Q : How can you do that project?
   A : Our university _____ us with everything.   [provide]
128 Q : How long will you do it?
   A : This project _____ for one semester.   [conduct]
129 Q : What do you expect from it?
   A : Through this project, the freshmen _____ their design skill.   [improve]
130 Q : Teaching them is all you have to do, isn't it?
   A : We _____ a daily report on the progress.   [submit]

> **어휘 도우미**
> • 신입생 : freshman   • 설계 작업 : design work
> • 일일 보고서 : daily report

Practice 07-b [Writing]

131 우리 학교는 중앙아시아에 농업학교를 **설립할 예정이다.**

132 일부 소요 자금은 이미 정부에서 **지원받았다.**

133 나머지 자원은 우리 학교가 **준비해야 한다.**

134 향후 한국의 농업회사들이 그 지역에 **진출할 것이다.**

135 우리 현지 학교의 많은 졸업생들이 그 회사들에서 **일할 수 있을 것이다.**

Practice 07-b [Speaking]

136 Q : What kind of school are you going to establish in Central Asia?
   A : We _____ a Korean agricultural school in that region. [establish]

137 Q : You need a big amount of money, don't you?
   A : Yes, we _____ support for a part of the required fund from the government. [get]

138 Q : How about the rest of fund?
   A : Our university _____ the rest of the resources. [arrange]

139 Q : What is the background of your plan?
   A : In the future, Korean agricultural companies _____ to that region. [advance]

140 Q : Can you get some benefits from them?
   A : Many graduates from our local school _____ at those companies. [work]

어휘 도우미
- 농업학교 : agricultural school
- 농업회사 : agricultural company

제1부

제3장

[주어+동사] 다음의 문장 구조

[5 Basic Structure Types of Sentence]

3-1 문장의 5가지 기본 구조
   [5 Basic Structure Types]
3-2 기본 문장구조의 구성요소들
   [Components of Basic Structures]
Practice 08

제3장
[주어+동사]다음의 문장 구조
[5 Basic Structure Types of Sentence]

3-1 문장의 5가지 기본 구조 [5 Basic Structure Types]

[주어+동사]의 기본 틀을 정확하게 만들고 나면, 전체 문장을 만드는 것이 상당히 수월해진다. 다음에 올 말을 거의 정해진 위치에 따라 넣으면 되기 때문이다. 기초 토대 위에 다음과 같이 5가지 형태로 문장을 만들 수가 있다.

5가지 구조 타입	적용
Type 1: [주어+동사]	I studied.
Type 2: [주어+동사] 보어(주어 설명)	I am an engineer. I was late.
Type 3: [주어+동사] 목적어	I bought a car.
Type 4: [주어+동사] 목적어+목적어	I gave him a chance.
Type 5: [주어+동사] 목적어+보어(목적어 설명)	You make me happy. I think him a great actor.

주어보충어
▶ 보어, 주격보어 등으로 불림.

목적어보충어
▶ 보어, 목적보어 등으로 불림.

3-2 기본 문장구조의 구성요소들 [Components of Basic Structures]

문장의 기본 구조에서 주어, 동사, 보어, 목적어의 역할을 하는 구성요소들을 살펴보면 다음과 같다.

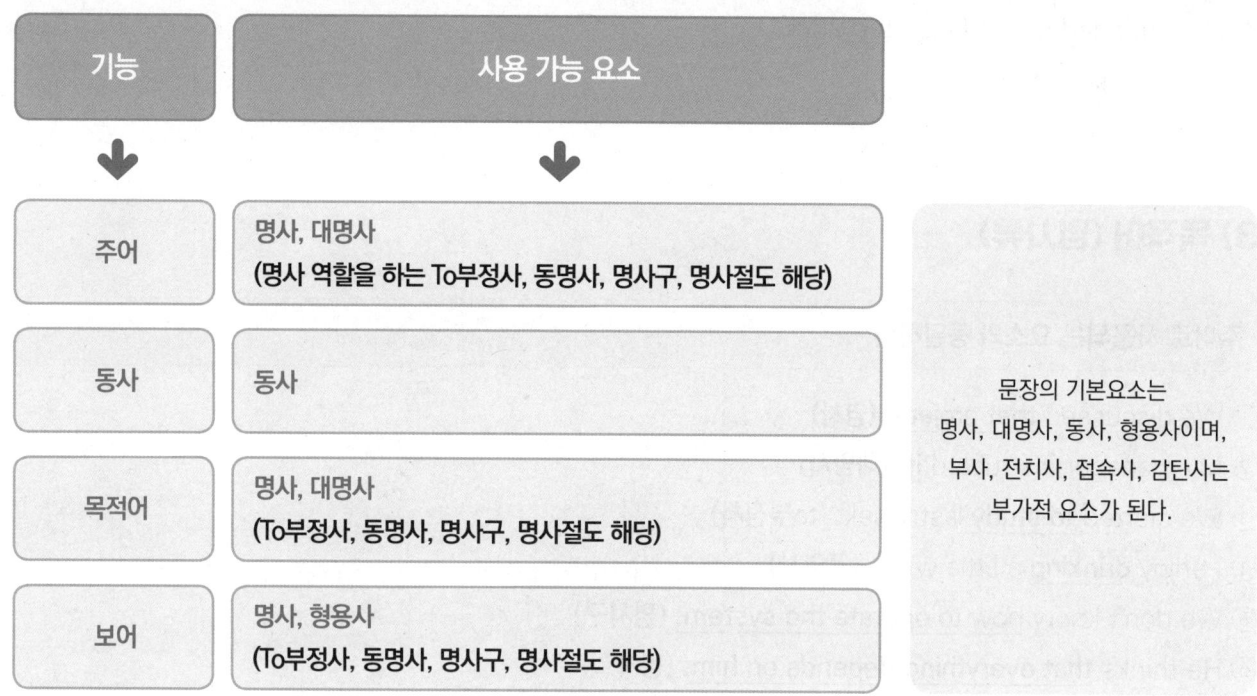

문장의 기본요소는 명사, 대명사, 동사, 형용사이며, 부사, 전치사, 접속사, 감탄사는 부가적 요소가 된다.

1) 주어 (명사류)

주어로 쓰이는 요소는 명사, 대명사이다. (명사 역할을 하는 To부정사, 동명사, 명사구, 명사절도 해당)

① **The hotel business** is slow. **(명사)**
② **We** will do our best for the project. **(대명사)**
③ **To work in a well-organized company** is his hope. **(to부정사)**
④ **Playing golf** is my favorite hobby. **(동명사)**
⑤ **How to attack the market** is important. **(명사구)**
⑥ **What I should do is to** inspect the products. **(명사절)**

2) 동사

> 주어 바로 뒤에 오는 동작/상태를 나타내는 서술부.

① I **wake up** early in the morning.
② He **reminded** me to finish the work.
③ The air **has become** clean.

3) 목적어 (명사류)

> 주어로 사용되는 요소와 동일하다.

① We discussed **that project.** (명사)
② My manager instructed **it.** (대명사)
③ We started **to study** last week. (to부정사)
④ I enjoy **drinking** a little wine. (동명사)
⑤ We don't know **how to operate the system.** (명사구)
⑥ He thinks **that everything depends on him.** (명사절)

4) 보어 (명사류/형용사)

> 명사나 형용사가 해당된다.

① He is **a trader.** (명사)
② Their financial standing is **sound.** (형용사)
   He made me **comfortable.**
③ My goal is **to become a top management member.** (to부정사)
④ My favorite exercise is **walking.** (동명사)
⑤ The problem is **how to raise a fund.** (명사구)
⑥ The reason is **that they agreed.** (명사절)

Practice 08-a [Writing]

141 우리 회사는 자동차 부품 제조업체입니다.
142 우리의 연평균 매출은 1조원 정도입니다.
143 몇 가지 자동차 부품을 생산하고 있습니다.
144 당사 제품을 해외 시장에도 판매하고 있어요.
145 내년에는 유럽 시장에 진출할 계획입니다.

Practice 08-a [Speaking]

146 Q : What are you engaged in?
　　A : We _____.

147 Q : How about your sales scale?
　　A : Our annual sales on average _____.

148 Q : What do you manufacture?
　　A : We _____.

149 Q : Do you sell your products only in Korea?
　　A : We _____.

150 Q : Are you going to expand your market?
　　A : Next year, we _____.

어휘 도우미
- 자동차 부품 제조업체 : auto parts maker
- 연평균 매출 : annual sales on average
- 매출 규모 : sales scale

Practice 08-b [Writing]

151 영어 능력은 대부분의 직업에 필수적이죠.

152 나는 영어로 쓴 전공 교재들을 읽을 수 있어요.

153 이제까지 말하기, 쓰기를 안 배웠어요.

154 문법, 듣기, 읽기만 배웠죠.

155 새로운 방법이 나의 영어 실력을 훨씬 좋아지게 만들 거예요.

Practice 08-b [Speaking]

156 Q : Why do we have to learn English?
    A : English skill _____ for most jobs.

157 Q : Are you good at English?
    A : I _____ written in English.

158 Q : Do you speak and write in English?
    A : I _____ until now.

159 Q : Then how have you learned it?
    A : I _____ only.

160 Q : Is the new method effective?
    A : The new method _____ much better.

어휘 도우미

• 전공 교재 : (major) course textbooks   • 영어 실력 : English skill(ability)

제1부

제4장
부정문/의문문/부가의문문/명령문 만들기
[Negatives/Questions/Tag Questions/Imperatives]

4-1 부정문 [Negatives]
4-2 의문문 [Questions]
4-3 부가의문문 [Tag Questions]
4-4 명령문 [Imperatives]
Practice 09

제4장
부정문/의문문/부가의문문/명령문 만들기
[Negatives/Questions/Tag Questions/Imperatives]

4-1 부정문 [Negatives]

일반적인 문장에서 부정문으로 바꾸는 과정은 아주 간단하다.

be 동사, 도우미동사(have, 조동사)가 있는 경우 →	be(am, are, is, was, were) not / have(has, had) not / will not / cannot / may not / shall not / could not ...
be 동사, 도우미동사(have, 조동사)가 없는 경우 →	do not / does not / did not

1) be동사 또는 도우미동사가 있는 경우

① **be 동사**

He **is** a member of top management.
↳ He **is not** a member of top management.
　(그는 임원이 아니다.)

② 완료형 시제

The company <u>has made</u> the item for export.

↳ The company <u>has not made</u> the item for export.

(그 회사는 그 아이템을 수출용으로 만들지 않았다.)

③ 조동사

They <u>can</u> solve the problem.

↳ They <u>cannot</u> solve the problem.

(그들은 그 문제를 해결할 수가 없다.)

2) be 동사 또는 도우미동사가 없는 경우

① 일반동사 현재 시제

They <u>enjoy</u> playing tennis.

↳ They <u>do not(don't) enjoy</u> playing tennis.

(그들은 테니스 치는 걸 즐겨하지 않는다.)

② 일반동사 have 현재 시제

He <u>has</u> a hotel in that country.

↳ He <u>does not(doesn't) have</u> a hotel in that country.

(그는 그 나라에 호텔을 가지고 있지 않아요)

③ 일반동사 과거 시제

They <u>launched</u> a new item.

↳ They <u>did not(didn't) launch</u> a new item.

(그들은 새로운 아이템을 출시하지 않았어요.)

4-2 의문문 [Questions]

일반적인 문장에서 의문문을 만들 때도 부정문 만들 때와 같은 원칙이 적용된다.

| be 동사, 도우미동사(have, 조동사)가 있는 경우. | → | be(am, are, is, was, were) + 문장?
have(has, had) + 문장?
will + 문장?
can + 문장? | may + 문장?
shall + 문장?
could + 문장? |

| be 동사, 도우미동사(have, 조동사)가 없는 경우 | → | do + 문장 + ?
does + 문장 + ?
did + 문장 + ? |

1) be동사 또는 도우미동사가 있는 경우

① **be 동사**

He **is** a member of top management.
  ↳ **Is** he a member of top management?
    (그 분이 임원이세요?)

② **완료형 시제**

The company **has made** the item for export.
  ↳ **Has** the company made the item for export?
    (그 회사가 그 아이템을 수출용으로 만들었나요?)

③ **조동사**

They **can** solve the problem.
  ↳ **Can** they solve the problem?
    (그들이 그 문제를 해결할 수 있나요?)

2) be 동사 또는 도우미동사가 없는 경우

① 일반동사 현재 시제

They **enjoy** playing tennis.
↳ Do they **enjoy** playing tennis?
  (그 사람들이 테니스 치는 걸 좋아하나요?)

② 일반동사 have 현재 시제

He **has** a hotel in that country.
↳ **Does** he have a hotel in that country?
  (그 사람이 그 나라에 호텔을 가지고 있나요?)

③ 일반동사 과거 시제

They **launched** a new item.
↳ Did they **launch** a new item?
  (그들이 새로운 아이템을 출시했나요?)

3) 의문사(Question Words)로 시작되는 경우

의문문의 문장 순서는 같고, 앞에 의문사가 붙는다.
단, 아래의 ③항과 ⑤항은 의문사가 주어로 쓰였으므로 바로 뒤에 동사가 오게 된다.

① Where are you from? (어디에서 왔어요?)
② What do you want to have for lunch? (점심에 뭐 드실래요?)
③ When is convenient for you? (언제가 편리하세요?)
④ Why did you recommend it to me? (그걸 내게 왜 권했나요?)
⑤ Who has led the campaign? (그 캠페인을 누가 이끌어왔나요?)
⑥ How are you doing? (어떻게 지내요?)

4-3 부가의문문 [Tag Questions]

일반적인 문장에서 부가의문문을 만들 때도 be동사나 도우미동사(보조동사)의 유무가 기준이 된다.

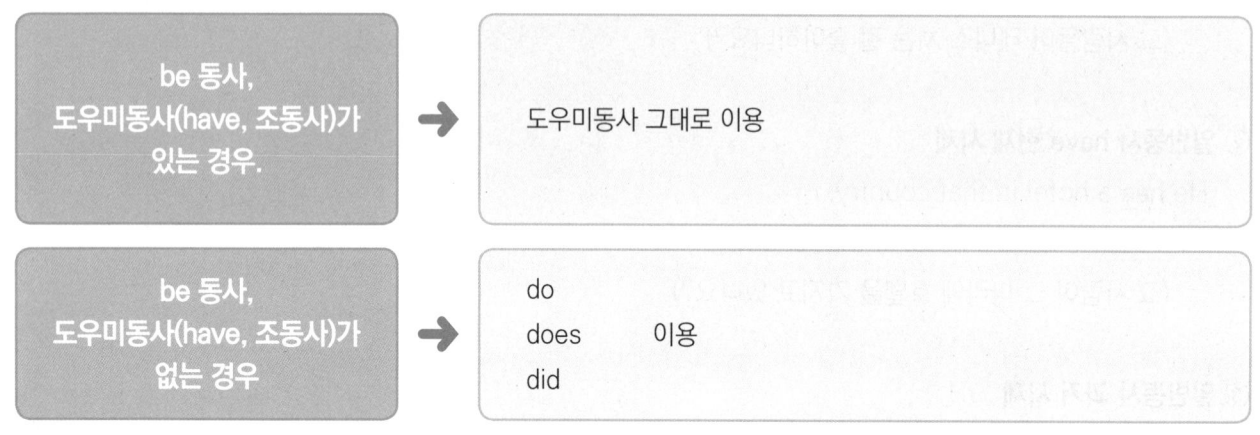

🧩 NOTE
앞 문장이 긍정문일 경우에, 부가의문문은 부정으로 하며, 반대로 앞 문장이 부정문일 경우에, 부가의문문은 긍정으로 한다.

1) be동사 또는 도우미동사가 있는 경우

① be 동사
He is a member of top management.
↳ He is a member of top management, isn't he?

② 완료형 시제
The company has made the item for export.
↳ The company has made the item for export, hasn't it?

③ 조동사
They can solve the problem.
↳ They can solve the problem, can't they?

2) be 동사 또는 도우미동사가 없는 경우

① 일반동사 현재 시제

They enjoy playing tennis.
↳ They enjoy playing tennis, don't they?

② 일반동사 have 현재 시제

He has a hotel in that country.
↳ He has a hotel in that country, doesn't he?

③ 일반동사 과거 시제

They launched a new item.
↳ They launched a new item, didn't they?

3) 앞 문장이 부정문인 경우

① 일반동사 현재 시제

They don't enjoy playing tennis.
↳ They don't enjoy playing tennis, do they?

② 일반동사 have 현재 시제

He has a hotel in that country.
↳ He doesn't have a hotel in that country, does he?

③ 일반동사 과거 시제

They launched a new item.
↳ They didn't launch a new item, did they?

4-4 명령문 [Imperatives]

일반적인 문장에서 주어를 뺀 부분이 명령문이 되는데, 이 때 생략된 주어는 you이다.

Ex.1

Prepare the operation manual by next month. 다음 달까지 운용 매뉴얼을 작성하세요.

Ex.2

Please do your best to achieve our goal. 우리 목표를 달성하기 위해 최선을 다해주세요.

Practice 09-a [Writing]

161 좋은 아이디어가 있나요?
162 그곳엔 안 가봤어요.
163 많은 사람들하고 파티를 하면 더 신나겠네요, 그렇죠?
164 초대할 친구가 두 명 있어요. 불러도 될까요?
165 그렇게 할게요. 6시에 주점에서 만날까요?

_____
_____
_____
_____
_____

Practice 09-a [Speaking]

166 Q : How about having a small weekend party?
     A : Do you _____?
167 Q : Shall we have it at the nearby pub?
     A : I _____ there.
168 Q : Do you want to invite others?
     A : Having a party with many others will be more exciting, _____?
169 Q : Whom will you invite?
     A : I have two friends to invite. _____ I call them?
170 Q : Why don't you make an appointment?
     A : Okay, I will do it. _____ at the pub at 6 p.m.?

어휘 도우미

- 약속을 정하다 : make an appointment

Practice 09-b [Writing]

171 우리 싱가포르에 여행 갑니다. 같이 가시겠어요?

172 그곳은 물가가 비싸죠, 그렇죠?

173 아직 비행기 티켓을 구매하진 않았어요.

174 여행하기에 좋은 곳 좀 추천해주시겠어요?

175 대만에 가는 것은 고려해보지 않았어요.

Practice 09-b [Speaking]

176 Q : Are you going on a travel?

　　A : We _____ to Singapore. Would you join us?

177 Q : I have been there a few times.

　　A : Prices are high there, _____?

178 Q : Have you fixed your schedule?

　　A : We _____ yet.

179 Q : Would you like to change your destination?

　　A : _____ to travel?

180 Q : Why don't you go to Taiwan?

　　A : We _____ to Taiwan.

어휘 도우미

- 비행기 티켓 : air ticket
- destination : 목적지

제1부

제5장
단어 기능(품사) 이해하기
[Parts of Speech]

5-1 단어와 8가지 품사 [Words & 8 Parts]
    1) 명사[Noun] ★
        Practice 10
    2) 대명사[Pronoun]
        Practice 11
    3) 동사 [Verb]
        Practice 12
    4) 형용사[Adjective]
    5) 부사[Adverb]
        Practice 13
    6) 전치사[Preposition]
    7) 접속사[Conjunction]
        Practice 14
    8) 감탄사[Exclamation]

5-2 명사의 수량 표현
    1) 수량 표현의 구분
    2) Each와 Every
    3) most와 most of 구분 (all/both)
    4) 명사와 명사의 만남
        Practice 15
5-3 another/other/the other 구분
5-4 긴 숫자 읽기
5-5 가짜 주어/목적어 It
    Practice 16

제5장
단어 기능(품사) 이해하기
[Parts of Speech]

5-1 단어와 8가지 품사 [Words & 8 Parts]

영어 단어를 문장 속에서의 기능에 따라 8가지로 분류한 것이 품사이다.

각각의 역할과 쓰임새를 간략하고 이해하기 쉽게 설명해놓았다.

1) 명사 [Noun] ★

Point

보통명사, 물질명사, 고유명사, 추상명사, 집합명사 등으로 나누어 공부하면 너무 복잡하므로, 셀 수 있는지 없는지, 셀 수 있는 명사이면, 둘 이상인 경우 복수로 변화하는 규칙만 익히면 간단하다.

(1) 명사의 역할

명사는 어떤 것의 명칭을 나타내는 단어로서, 한 문장에서 주어, 목적어, 보어의 역할을 한다.

① 주어(Subject) - 문장의 주체

> The smart phone is mine. (그 **스마트폰**은 내 것이다.)
> 　　　[스마트폰이 주어]
>
> He is a promising politician. (그는 유망한 **정치인**이다.)
> 　　　　　　　　　　[정치인이 주어]

② 보어(Complement) - 주어나 목적어를 보충 설명

> I think him a promising politician.
> (나는 그를 유망한 **정치인**이라고 생각한다.)

 * '정치인'이 주어를 보충 설명하는 보어

③ 목적어(Object) - 동사나 전치사의 대상

> The university has a special program.
> (그 대학은 특별한 **프로그램**을 가지고 있다.)

 * '프로그램'이 동사 has의 대상인 목적어

> The company advanced to the U. S. last year.
> (그 회사는 작년에 **미국**에 진출했다.)

 * '미국'이 전치사 to의 대상인 목적어

(2) 명사의 구분

명사는 셀 수 있는 부류인지, 셀 수 없는 부류인지 생각해서 구분하면 간단하다. 셀 수 있는 의미와 셀 수 없는 의미 모두에 사용되는 명사들도 있어, 아래 표에 정리되어 있다.

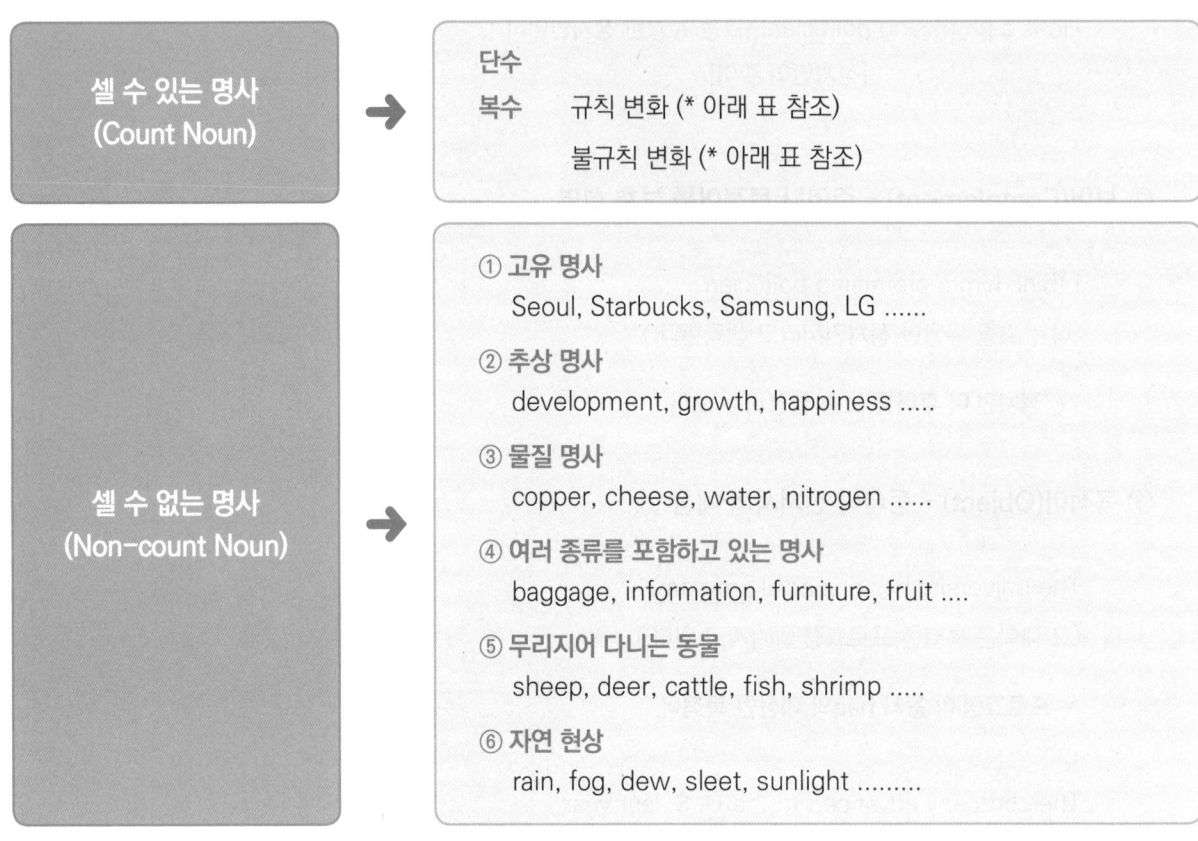

	셀 수 있는 명사의 복수(plural) 만들기
규칙 변화	① s 붙이기 items, managers, employees ..... ② es 붙이기 branches, businesses, meshes ..... ③ 자음+y로 끝난 단어 ▸ ies studies, hobbies, parties ..... ④ f, fe로 끝난 단어 ▸ ves leaves, knives, thieves ..... * 예외: safes, cliffs, cuffs .....

불규칙 변화	① 별개의 철자 변화를 갖는 경우 　　man ▶ men, child ▶ children ② -sis ▶ ses 　　analysis ▶ analyses, crisis ▶ crises ③ -oo- ▶ -ee- 　　tooth ▶ teeth, foot ▶ feet ④ -ou- ▶ -ic 　　mouse ▶ mice, louse ▶ lice ⑤ -on ▶ -a 　　phenomenon ▶ phenomena, criterion ▶ criteria ⑥ -um ▶ -a 　　medium ▶ media, datum ▶ data ⑦ -us ▶ -i 　　alumnus ▶ alumni, cactus ▶ cacti

셀 수 있는 단어/셀 수 없는 단어로 모두 사용되는 명사		
단어	셀 수 없는 의미	셀 수 있는 의미
chicken	닭고기	병아리
difficulty	어려움, 곤란함	어려운 일, 난제 *difficulties : 곤경
fish	물고기, 어류	어족, ~마리
food	음식, 식품, 식량	요리(메뉴, dish)
glass	유리	안경, 유리잔, 유리창
experience	경험	경험한 사건
hair	머리카락 전체	개별 머리카락
iron	철	다리미
paper	종이	논문, 서류, 신문
shrimp	새우	새우 ~마리
time	시간, 시각	때(기간), ~배, ~회, *times: 시대
trouble	곤란함	곤란한 사건, 골칫거리

Practice 10-a [Writing]

181 **두 마리 치킨**과 **스테이크** 하나 부탁합니다.
182 **미디움 웰던**으로 부탁해요.
183 **맥주 두 병** 주세요.
184 **냉수 두 잔**이면 됩니다.
185 **종이 냅킨** 좀 갖다 주시겠습니까?

Practice 10-a [Speaking]

186 Q : Can I take your order?
　　A : Two _____ and one _____, please.
187 Q : How do you want your stake?
　　A : medium well-done, please.
188 Q : Do you want some drinks?
　　A : We want two _____ of beer.
189 Q : How about soft drinks like soda pops?
　　A : Just two _____ of ice water, please.
190 Q : Do you want anything else?
　　A : Can you bring some _____?

어휘 도우미

- 청량음료 : soft drink　　• 탄산수 : soda pop　　• 종이 냅킨 : paper napkin
* 고기를 익히는 정도에 따라 rare, medium, well-done(형용사)으로 구분.

Practice 10-b [Writing]

191 그곳에서의 인턴 **경험**은 상당히 유용했습니다.
192 처음엔 **어려움**을 겪었지만 곧 주어지는 일에 익숙해졌어요.
193 저의 주된 업무는 **서류작업**이었습니다.
194 7명의 연구원들의 **논문**을 정리하거나 번역했어요.
195 **고급 인재들**을 도울 수 있어 행복했습니다.

Practice 10-b [Speaking]

196 Q : How was your life as an intern at the company?
　　A : The _____ of the internship there was very useful.
197 Q : Didn't you have any trouble?
　　A : At the beginning, I had _____, but got familiar with the given _____.
198 Q : What was your main job?
　　A : My main job was _____.
199 Q : Would you tell me more specifically?
　　A : I arranged or translated the _____ of seven researchers in our team.
200 Q : Were you satisfactory while working?
　　A : I felt happy because I could help _____.

어휘 도우미

- 경험 : experience　• 어려움 : difficulty　• 서류작업 : paperwork
- 논문 : paper, thesis　• 고급 인재(두뇌) : high brain

2) 대명사 [Pronoun]

대명사는 명사를 대신하는 단어로서 주어, 목적어 역할을 한다. 여러 종류의 대명사가 있지만, 여기서는 핵심 내용만 담았다.

> **Point**
> * 영어에서는 같은 명사를 반복하지 않는 경향이 있어, 한국어보다 대명사가 현저히 많이 사용된다.
> * 주어와 목적어가 같은 주체일 때는 목적어를 self 대명사로 사용해야 한다. [He loves **himself**.]
> * 한국어에서는 숨어있는 대명사가 영어에서는 표현되는 경우가 많다.
>   그 학교는 학생들에게 특별한 영어프로그램을 제공한다.
>   (The college provides its students with a special English program.)

(1) 대명사의 역할

> 문장에서 주로 주어와 목적어 역할을 하며,
> 소유를 나타내는 형용사의 형태로 변화시켜 사용하기도 한다.

① 주어(Subject) - 문장의 주체

> They had a forum (which) many experts attended.
> (그들은 많은 전문가들이 참석한 포럼을 가졌다.)

② 목적어(Object) - 동사나 전치사의 대상

> The H. R. director decided to employ him.
> (인사담당 이사는 그를 고용하기로 결정했다.)
>
> The CEO showed interest in them.
> (최고경영자는 그들에게 관심을 보였다.)

③ 소유 형용사의 형태

> I appreciate my coworker for his help.
> (동료의 도움에 고맙게 생각한다.)

(2) 대명사의 종류

인칭대명사(I, my, me, mine), 지시대명사(this, that), 부정대명사(one, thing, another...), 관계대명사(who, which, whom...) 등 여러 종류의 대명사가 있지만, 그중 가장 많이 사용되는 것은 인칭대명사(Personal Pronoun)이다. 이것은 쓰임새에 따라 다음과 같이 구분된다.

인칭	형태	주어 형태 (~는 ~이)	소유 형태 (~의)	목적어 형태 (~을, ~에게)	소유대명사 (~의 것)
1인칭 (나/우리)	단수	I	my	me	mine
	복수	we	our	us	ours
2인칭 (너/너희들)	단수 복수	you	your	you	yours
3인칭 (1/2인칭 이외의 모든 것(들))	단수	he she it	his her its	him her it	his hers its
	복수	they	their	them	theirs

Practice 11-a [Writing]

201 <u>그의</u> 전공은 문예창작입니다.
202 대학 졸업 후, 웹툰 작가가 되었습니다.
203 지금은 웹툰 제작회사를 운영하고 있습니다.
204 <u>그곳의</u> 연간 매출 규모는 100억원 이상입니다.
205 우리 회사도 <u>그곳에</u> 웹툰 연재를 요청할 예정입니다.

Practice 11-a [Speaking]

206 Q : What did he major in?
　　A : _____ major is creative writing.
207 Q : From when has he worked in the webtoon field?
　　A : After graduating from university, _____ became a webtoon writer.
208 Q : Is he still writing webtoons?
　　A : _____ is managing a webtoon production company.
209 Q : How big is that company?
　　A : _____ annual sales scale is over 10 billion won.
210 Q : Are their works popular among young people?
　　A : Our company will also request _____ to run webtoons on our site.

어휘 도우미

- 문예창작 : creative writing
- 웹툰 제작회사 : webtoon production company
- 연간매출 규모 : annual sales scale

Practice 11-b [Writing]

211 **그것들** 모두가 사물인터넷 기능을 지니고 있습니다.

212 **그 기능은** 특수 환경에만 적용될 수 있습니다.

213 **그것의** 사용을 위해서는 **모든 것이** 디지털화되어야 합니다.

214 대학에서 **그것을** 전공했습니다.

215 **저의** 교수님께서 **그것을** 공부해보라고 적극 권하셨습니다.

Practice 11-b [Speaking]

216 Q : What are the features of your new products?
　　A : All of _____ have the IoT function.

217 Q : Can the function be used in reality now?
　　A : _____ can be applied only to special environment.

218 Q : What is needed to use it?
　　A : _____ should be digitalized for _____ use.

219 Q : Where did you learn it?
　　A : I majored in _____ at my university.

220 Q : Who recommended you to choose it as your major?
　　A : _____ professor strongly recommended _____ to study _____.

어휘 도우미

• 사물인터넷 기능 : IoT function   • 디지털화하다 : digitalize

3) 동사 [Verb]

동사는 주어의 행위나 상태를 서술하며, 시제와 태(능동태/수동태)를 명확하게 변화시켜 사용해야 한다. 여기에서는 일반동사를 설명하고 있다 (도우미 동사는 2-5항 참조, 조동사에 관한 상세설명은 제 19장 참조).

Point

동사를 쉽고 명확하게 사용하려면, 목적어를 뒤에 가져와야 하는 타동사(vt)인지 목적어를 가지고 오지 않는 자동사(vi)인지 구분하고, 시제에 따라 현재형/과거형/과거분사형/현재분사형을 맞게 사용하면 된다.

NOTE 타동사만 수동태에 사용될 수 있음("2-3 태 맞추기" 참조).

(1) 동사의 형태와 역할

주어의 행위가 상태를 서술하는 역할을 한다. 동사의 기본 변화와 용도는 다음과 같다.

형태	기본형	과거형	과거분사형	현재분사형
쓰임새	open	opened	opened	opening
	현재기본 시제	과거기본 시제	완료형 시제	진행형 시제
			수동태	
			형용사(수동)	형용사(능동)

NOTE

* 분사가 형용사로 쓰이는 예

I was **bored** with his long story. [주어가 싫증나게 된 상태]

His long story was **boring**. [주어가 듣는 이를 싫증나게 한 상태]

(2) 동사 변화

규칙 변화 →

동사를 과거/과거분사/현재분사 형태로 변화시킬 때 규칙적인 변화의 원칙은 다음과 같다.

① 동사 뒤에 ed 또는 -ing를 붙임.
  Ex] work**ed**/work**ing**

② -e로 끝나는 동사 뒤에 -d만 붙이고, e를 뺀 다음 -ing를 붙임.
  Ex] increase**d**/increas**ing**

③ 자음+y로 끝나는 동사는 ied로 변화.
  Ex] stud**ied**/study**ing**

④ 모음 하나+자음 하나로 이루어진 동사는 뒤에 자음을 하나 더 붙인 다음 -ed 또는 -ing를 붙임.
  Ex] chat**ted**/chat**ting**

⑤ 음절(자음+모음)이 2개 이상인 동사에서 뒤의 모음에 액센트가 있는 동사는 자음을 한 번 더 붙인 다음 -ed 또는 -ing를 붙임.
  Ex] occur**red**/occur**ring**

불규칙 변화 →

불규칙적으로 변화하는 동사들은 약간의 통일성이 있으나, 각각을 별도로 외워두어야 한다. 다음은 자칫 잘못 알고 있는 경우가 많은 불규칙 동사들이다.

기본형	과거	과거분사	기본형	과거	과거분사
beat	beat	beaten	slide	slid	slid
bite	bit	bitten	spread	spread	spread
broadcast	broadcast	broadcast	stick	stuck	stuck
cost	cost	cost	seek	sought	sought
dig	dug	dug	shake	shook	shaken
dive	dived/dove	dived	shoot	shot	shot
fly	flew	flown	shut	shut	shut
hide	hid	hidden	tear	tore	torn
lie	lay	lain	wear	wore	worn
ride	rode	ridden			

제5장 단어 기능(품사) 이해하기 [Parts of Speech]

Practice 12-a [Writing]

221 선적서류를 **작성하고 있습니다.**

222 이번에 1,200 세트의 정수기를 **수출했습니다.**

223 중동 및 동남아 시장에 지난 20년간 **수출했습니다.**

224 당사 정수기는 이상적인 필터를 **내장하고 있습니다.**

225 정수 기능도 탁월하고, 물이 낭비되는 것을 **막아줍니다.**

Practice 12-a [Speaking]

226 Q : What are you doing?
　　A : I _____ the shipping documents.

227 Q : Did you export your products?
　　A : We _____ 1,200 sets of our water purifier.

228 Q : To where do you export?
　　A : We _____ them to the Middle East and South-east Asian countries for last 20 years.

229 Q : What is the marketing point?
　　A : Our water purifiers _____ an ideal filter.

230 Q : Why is it ideal?
　　A : Its purifying function _____ excellent, and it _____ water from wasting.

어휘 도우미

- 선적서류 : shipping documents
- 정수기 : water purifier

Practice 12-b [Writing]

231 이것은 ICT 기반의 농업입니다.

232 농업에 빅데이터와 인공지능 등이 **적용됩니다**.

233 우리 회사는 식물공장을 통한 농업 교육을 **시작할 예정입니다**.

234 이미 타당성 조사는 **끝냈습니다.**

235 환경 제어 농업이라고도 **칭합니다.**

Practice 12-b [Speaking]

236 Q : What is a plant factory?

　　A : This _____ a type of ICT-based farming.

237 Q : Do you mean high technologies are used in agriculture?

　　A : Big data and AI _____ to agriculture.

238 Q : Are you planning to advance to this industry?

　　A : We _____ agricultural education through plant factories.

239 Q : Do you think it will be profitable?

　　A : We _____ a feasibility study already.

240 Q : It is called 'Smart Farm', isn't it?

　　A : It _____ 'Controlled Environment Agriculture' also.

어휘 도우미

- ICT 기반 농업 : ICT-based agriculture
- 식물 공장 : plant factory
- 타당성 조사 : feasibility study
- 환경 제어 농업 : Controlled Environment Agriculture

4) 형용사 [Adjective]

> 형용사는 명사의 상태를 설명하는 단어로서, 대부분 명사 앞에 온다.

Point
* 몇 가지 경우에 형용사가 명사의 뒤에 둘 수 있다.
* 비교 표현과 최고 표현을 만들 때 간단한 규칙을 사용한다.
* 형용사가 아닌 다른 단어(명사, 현재분사, 과거분사)가 형용사의 역할을 한다.

(1) 형용사의 역할

> 명사(대명사)의 상태를 보어로서 설명해주거나, 명사의 앞에서 상태를 표현해주는 단어로서, 때로는 부정대명사(one, thing 등)의 상태를 나타내기도 한다.

① 명사의 상태를 표현

> **rainy** season, **deluxe** hotel, **delicious** dishes, **good** habit

① 부정대명사의 상태를 표현

> **problematic** things, **suspicious** ones

(2) 형용사의 위치

> 보어로 사용될 때 외에는 대부분 명사 앞에 오지만, 몇 가지 경우에는 뒤에 올 수 있다.

① 여러 개의 형용사

> This is an IT company **well-known**, **fast-growing** and **prospective**.
> (이곳은 잘 알려진 빨리 성장하고 있는 유망한 IT 기업이다.)

② 형용사절

> There is a rule **which we have to comply with**.
> (우리가 준수해야 하는 규칙이 있다.)

③ 일부 부정대명사를 설명하는 형용사

> She has something **good**.
> (그녀는 뭔가 좋은 것을 가지고 있다.)

④ 앞의 명사보다 뒷말과 더 연관성이 있는 형용사

> He has information **useful for you**.
> (그는 너에게 유용한 정보를 가지고 있어.)

(3) 비교 표현/최고 표현

다른 것(들)과 비교해서 표현할 때 형용사는 '더 ~하다', '가장 ~하다'로 나타나는데 다음과 같이 변화한다.

비교/최고 표현 만드는 규칙		
	비교 상태	최고 상태
일반 형용사	+er Ex] harder, smaller	+est Ex] hardest, smallest
e로 끝난 경우	+r Ex] safer, wiser	+st Ex] safest, wisest
자음+y로 끝난 경우	y ▶ ier Ex] busier, easier	y ▶ iest Ex] busiest, easiest
모음 1+ 자음 1	자음 겹쳐 쓰고 +er Ex] hotter, bigger	자음 겹쳐 쓰고 +est Ex] hottest, biggest
두 음절 대부분 또는 세 음절 이상	앞에 +more Ex] more prospective	앞에 +most Ex] most prospective

NOTE

* 두 음절 형용사 중 뒤에 +er, +est를 붙여도 되는 것도 있음.
  Ex] clever: cleverer, cleverest, more clever, most cleverest
* 최고 표현 뒤에 명사나 대명사가 오면 대부분 그 앞에 the를 붙임.
  Ex] He is the most promising employee in the company.

특별한 비교/최고 표현		
	비교 상태	최고 상태
good/well	better	best
many/much	more	most
bad/ill	worse	worst
little	less	least

5) 부사 [Adverb]

부사는 동사, 형용사, 부사, 문장 전체를 구체적으로 돕는 단어이다.

Point
* 종류별 부사의 위치를 익혀둔다.
* 비교 표현과 최고 표현을 만들 때 일정한 규칙을 사용한다.

(1) 부사의 역할

① 동사를 도와주는 역할

> Please send your reply immediately.
> (즉시 회신 좀 보내주세요.)

② 형용사를 도와주는 역할

> The machine is in a very good condition.
> (그 기계는 아주 양호한 상태이다.)

③ 부사를 도와주는 역할

> He solved that problem **very** easily.
> (그는 그 문제를 아주 쉽게 해결했다.)

④ 문장 전체를 도와주는 역할

> **Eventually**, he paid the amount.
> (결국, 그는 그 금액을 지불했다.)

(2) 부사의 비교/최고 표현

비교/최고 표현 만드는 규칙		
	비교 상태	최고 상태
일부 부사	+er Ex] faster, later	+est Ex] fastest, latest
-ly로 끝난 경우	앞에 more를 붙임 Ex] more favorably	앞에 most를 붙임 Ex] most favorably

* 형용사와 달리 부사 중에서는 비교/최고 표현이 없는 것들이 더 많음.

(3) 부사의 위치

부사는 어떤 것을 돕는 역할이냐에 따라 위치가 달라진다.

① 형용사/부사를 돕는 경우 - 형용사 또는 부사 앞

> She is **very** sincere. (그녀는 아주 성실하다)
> He speaks **so** quickly. (그는 아주 빨리 말한다.)

② 문장 전체를 돕는 경우 - 대부분 문장 앞

> **Also**, she gave money to me.
> (또한 그녀는 나에게 돈을 주기도 했다.)

③ 동사를 돕는 경우 - 동사의 앞 또는 뒤

> He sells products <u>well</u>. (그는 제품을 잘 판다.)
> She knows <u>well</u> how to treat people. (그녀는 사람들을 어떻게 다루는지 잘 안다.)

* 동사를 돕는 부사는 되도록 문장의 기본구조를 깨지 않는 위치에 놓되, 동사에서 너무 멀어지거나 모호한 상황이 될 때는 기본구조가 깨지더라도 정확한 의미 전달이 되는 위치에 놓는다.

④ 횟수/정도를 나타내는 부사 - 특별한 위치
   a) be동사/have(도우미)동사/조동사 뒤
   b) 일반동사 앞

> The company will <u>often</u> change its policy. (그 회사는 정책을 자주 바꿀 것이다.)
> The government <u>scarcely</u> changes its policies. (그 정부는 정책을 좀처럼 바꾸지 않는다.)

동사의 횟수/정도를 나타내는 부사 [빈도 부사]

종류	위치
always, usually, frequently, often, generally, sometimes, occasionally, never, hardly ever, hardly, rarely, scarcely ...	be동사/조동사, 도우미 역할의 have동사 뒤, 일반동사 앞.

※ 예외 : usually/frequently/often/generally/normally/sometimes/occasionally는 문장의 맨 앞이나 맨 뒤에 올 수도 있음.

부정문에서의 위치
다른 빈도부사들은 isn't, don't, didn't, haven't, can't 등의 앞에 오지만, always와 ever만 이들 뒤에 옴.
- He <u>doesn't always</u> eat breakfast.
- He usually <u>doesn't eat</u> breakfast.
- I <u>don't ever</u> drive in snowy weather.

Practice 13-a [Writing]

241 **좀 더 이른** 선적을 원합니다.

242 우리 재고가 **최저** 수준입니다.

243 우리에게 보낼 수 있는 **가용** 수량을 확인해주세요.

244 하지만 항공 선적은 운송료가 **아주 비싸서요**.

245 **신속한** 조치 기다리겠습니다.

Practice 13-a [Speaking]

246 Q : Can we make shipment at the end of next month?
   A : We want _____ shipment.

247 Q : You always keep a certain level of stock, don't you?
   A : Now our stock is on the _____ level.

248 Q : Do you want partial shipment of ready products?
   A : Please check the _____ quantity to send us.

249 Q : Can we send a small quantity by air shipment first?
   A : But, the freight for air shipment is _____.

250 Q : Then we will send one-third of total quantity by ocean first. Is it acceptable to you?
   A : We will wait for your _____ action.

어휘 도우미
- 분할 선적 : partial shipment
- 항공선적 : air shipment
- 가용의 : available
- 선박으로 : by ocean

Practice 13-b [Writing]

251 우리는 자동차 부품 설계를 위한 **몇 가지** 면허를 가지고 있습니다.

252 그것들을 가지고 있으면, **많이 유리**할 겁니다.

253 **열정적인** 교수님들 때문에 **가능합니다**.

254 **그러한** 지원 때문에 우리 대학을 선택했습니다.

255 졸업 후 **세계 최고의** 기업에 지원할 겁니다.

Practice 13-b [Speaking]

256 Q : What kind of licenses do you have?

　　A : I have _____ licenses for auto parts design.

257 Q : Are they helpful to get a job?

　　A : I will be _____ with them.

258 Q : Can you get them during the regular course?

　　A : It is _____ thanks to our _____ professors.

259 Q : Do you get much support from your university?

　　A : I chose our university due to _____ support.

260 Q : What is your career plan?

　　A : I am going to apply to a _____ company.

어휘 도우미

- 면허 : license
- 정규 과정 : regular course
- 세계 최고의 : world-best

6) 전치사 [Preposition]

> 전치사는 명사류의 말 앞에 위치하여, [전치사+명사]의 뭉치가 되어 문장에서 형용사 또는 부사의 역할을 한다.

Point
* 명사류의 말 앞에 위치한다.
* [전치사+명사]가 형용사나 부사의 역할을 한다.
* 부사절의 맨 앞에는 전치사가 올 수 없다.

※ 전치사로 쓰이는 단어들이 부사, 접속사 등으로 쓰일 경우도 있음.

(1) 전치사의 역할

> 명사류(명사, 대명사, 동명사, 명사절)의 말 앞에 위치하여 한국어의 토씨와 비슷한 의미를 지니며, [전치사+명사]의 말뭉치가 되어 형용사나 부사의 역할을 한다.

We are doing teamwork **in** this semester.
(이번 학기에 우리는 팀워크를 하고 있다.)

I had trouble **in** studying statistics.
(나는 통계학을 공부하는 데 어려움을 겪었다.)

We will go **to** France soon.
(우리는 곧 프랑스에 갈 거예요.)

I visited a museum **in** Jeju.
(제주에 있는 박물관에 갔었다.)

(2) 전치사의 종류

> 가장 흔히 사용되는 전치사를 다음에 열거하였다.

about	above	across	after
along	among	around	at
before	behind	below	beneath
beside(s)	between	beyond	by
despite	down	during	for
from	in	into	like
near	off	on	out
over	since	through	throughout
till	to	toward(s)	under
until	up	upon	with
within	without		

(3) 시간/장소 앞의 전치사

시간 앞에 쓰는 전치사	
at +	2:00 p.m.(시각), dawn, noon, night, nighttime
on +	date(날짜), day(요일), weekend
in +	나머지 모두 the morning, the afternoon, the evening, month, season, quarter(분기, 3개월), year, century(세기)...

<u>In</u> the coming year, he will be a senior.
(다음 해에 그는 4학년이 된다.)

We take a special English lesson <u>on</u> weekends.
(우리는 주말에 특별 영어 수업을 수강한다.)

I will meet him <u>at</u> noon for lunch date.
(점심을 같이 하기 위해서 12시에 그 사람을 만날 거야.)

장소 앞에 쓰는 전치사	
at +	비교적 작은 장소
in +	비교적 큰 장소, 또는 장소의 내부
기타	의미에 따라 여러 전치사 사용 (above, around, beneath, beside, from, near, off, on, to, under ...)

They will arrive in Paris tomorrow.
(그들은 내일 파리에 도착할 예정이다.)

I lived at Jung-gu in Seoul during my childhood.
(어릴 때 서울 중구에서 살았다.)

There were many foreign students in the classroom.
(강의실에는 외국학생들이 여럿 있었다.)

(4) 또 다른 전치사

전치사 역할을 하는 또 다른 대표적인 말뭉치들은 다음과 같다. 다시 말해서, 이들 뒤에 명사류는 올 수 있으나, 절은 올 수가 없다.

according to	because of	despite
due to	in front of	in spite of
next to	owing to	thanks to

Because of my fault, my team failed. (O)
Because of I made a fault, my team failed. (X)

Despite such harsh conditions, he made success. (O)
Despite he was in harsh conditions, he made success. (X)

During the vacation, we made several designs. (O)
During we had the vacation, we made several designs. (X)

(5) 전치사/접속사로 다 사용되는 단어

전치사도 되지만, 접속사로도 사용되는 단어들이 있다.

after	as	before	for
till	until	since	

As a professor, he guides his students. **(전치사)**
As he is a professor, he is knowledgeable. **(접속사)**

Since last year, I have worked on this project. **(전치사)**
Since I was young, I have played tennis. **(접속사)**

7) 접속사 [Conjunction]

접속사는 말을 잇는 단어(또는 구)로서, 종류에 따라 앞/뒤의 말들을 이어주거나, 명사절/부사절을 이끄는 역할을 한다.

Point
* 앞과 뒤의 말을 연결하거나, 명사절과 부사절을 이끄는 역할을 한다.

(1) 접속사의 종류

a. 같은 상태를 말을 연결하는 접속사 _ 단어와 단어, 구와 구, 절과 절을 연결.

and, but, or, so, either ~ or, neither ~ nor, as well as, not only ~ but also 등

He and I are planning to start up a business.
(그 사람과 제가 사업을 시작할 계획이에요.)

We want to go out and to breathe fresh air.
(우리 밖에 나가서 신선한 공기를 마시고 싶어요.)

We met some foreigners, but (we) couldn't have communications.
(몇몇 외국인들을 만났지만 의사소통을 할 수가 없었어요.)

I have(had) met him before, **so** we could get close soon.
(그 분을 전에 만난 적이 있어서, 곧 친해질 수 있었어요.)

※ so 앞에 콤마[,]를 찍어야 하고, so 뒤의 주어는 생략하지 않음.

b. 명사절을 이끄는 접속사 _ 명사절 맨 앞에 오는 접속사.

의문사(what, when, how…), that, if, whether, because

What I want to do is to work at a global company.
(제가 원하는 것은 글로벌 회사에서 일하는 거예요.)

I know **that** he is a quick learner.
(그 사람이 빨리 습득하는 사람이라는 걸 제가 알아요.)

We can imagine **if** technologies will change our jobs.
(기술이 우리 직업을 변화시킬 거라는 걸 상상할 수 있죠.)

It is **because** competition is getting keener.
(그것은 경쟁이 점점 더 심해지고 있기 때문이에요.)

c. 부사절을 이끄는 접속사 _ 부사절 맨 앞에 오는 접속사로 주된 절의 때, 이유, 조건, 반대상황을 표현.

when, since, while, until, because, now that, if, whether, although, though, even though, whereas …

When I lived in Seoul, I went to work by subway.
(서울에서 살 때는 전철로 출근했어요.)

Now that the economy of that country is getting worse, we are going to move our factory.
(현재 그 나라의 경제가 악화되고 있어, 당사 공장을 이전할 예정이에요.)

If you were not a student of this university, you would not take such a good course.
(이 학교의 학생이 아니라면, 그렇게 좋은 과정을 이수할 수가 없을 거예요.)

She likes to live in an urban area, **while** her husband wants to live in a rural area.
(그녀는 도회지에서 살기를 원하는 반면에, 그 남편은 시골에서 살고 싶어해요.)

The company failed to be awarded **although** they did their best.
(그 회사는 최선을 다했음에도 낙찰받지 못했어요.)

Practice 14-a [Writing]

261 **사람들을 만날 때** 정말 행복해요.
262 **다른 사람들과의 상호작용을 통해서** 동기부여가 돼요.
263 **작년부터** 자원봉사 단체에서 일하고 있어요.
264 **저녁에** 학생들에게 컴퓨터 기술을 가르쳐요.
265 **50대 및 60대의** 퇴직자들이에요.

Practice 14-a [Speaking]

266 Q : When do you feel happiest?
　　A : _____ I meet people, I feel really happy.
267 Q : Can you explain more specifically?
　　A : I get motivated _____ interaction _____ others.
268 Q : Have you joined any social club?
　　A : I have been working for a volunteer service club _____ last year.
269 Q : What are you doing there?
　　A : I teach computer skills _____ the evening.
270 Q : Who are the students?
　　A : They are retirees _____ their 50's or 60's.

어휘 도우미

- 동기부여 되다 : get motivated
- 상호작용 : interaction
- 자원봉사단체 : volunteer service club
- 컴퓨터 기술 : computer skills
- 퇴직자 : retiree

Practice 14-b [Writing]

271 그냥 몇 가지 요리만 어떻게 하는지 알아요.

272 한국 음식에 관심이 있나요?

273 내가 기숙사에 곧 초대할게요.

274 제 공간이 작지만, 다른 분들과 같이 와도 돼요.

275 큰 팬이 있으면 좀 가져다주세요.

Practice 14-b [Speaking]

276 Q : Can you cook Korean dishes well?

A : I know _____ cook just a few dishes.

277 Q : Could you let me know it?

A : Are you interested _____ Korean foods?

278 Q : Yes, I am. How can I learn it from you?

A : I will invite you _____ my dormitory soon.

279 Q : Oh really? Thank you. Can I come to you with my friend?

A : My space is small, but you can come _____ others.

280 Q : What should I bring to you?

A : _____ you have a big pan, please bring it.

어휘 도우미

• 한국 요리 : Korean dishes = Korean foods = Korean cuisine

8) 감탄사 [Exclamation]

> 놀람이나 기쁨 등의 감정을 나타내는 단어.

(1) 감탄사의 종류

ah, bravo, hurrah, oh, ouch, well, wow, oops ...

> Oh, my god!
> Wow! We won the game.
> Oops! I spilt some juice on my laptop computer.

5-2 명사의 수량 표현

> 명사 앞에서 그것의 수량은 명사의 종류에 따라 각기 다른 적절한 표현을 사용해야 한다.

Point
- 우선 명사가 셀 수 있는지 없는지 확인해야 함.
- 셀 수 있는 명사는, 앞에 숫자를 쓴 다음 복수로 만들거나 별도의 표현을 사용.
- 셀 수 없는 명사는, 고유 단위나 도량형의 단위를 사용.

1) 수량 표현의 구분

> 명사의 수량을 표시할 때 셀 수 있는 것과 셀 수 없는 것으로 나누어 다음과 같은 표현들을 그 앞에 붙일 수 있다.

셀 수 있는 명사 앞	셀 수 없는 명사 앞
a couple of	
a pair of	
both	

셀 수 있는 명사 앞	셀 수 없는 명사 앞
few	little
a few	a little
some	some
several	
many	much
a lot of	a lot of
lots of	lots of
a number of	a great deal of
a large number of	a large amount of
	a full amount of
(a host of)	
(hosts of)	
all	all
numerous	

※ a number of = many
　the number of ~: ~의 수

셀 수 없는 물질의 수량 표현 예	
cup	2 cups of coffee
glass	2 glasses of juice
piece	2 pieces of chalk, toast ...
loaf	2 loaves of bread
sheet	2 sheets of paper
kg/pound	2 kg(lb) of flour
liter/quart	2 liters(quarts) of milk
slice	2 slices of cheese, ham ...
spoonful	2 spoonfuls of sugar

2) Each와 Every

each나 every는 반드시 셀 수 있는 명사의 단수 앞에만 올 수 있다. every는 [each+all]의 의미로 사용된다.

Ex.

Each student has his or her own goal.

Every subject was not easy in our major course.

학생 각자가 자신만의 목표를 가지고 있다.

전공 과정에서 각 과목이 모두 쉽지 않았다.

※ Every subjects (X)

3) Most와 Most of의 구분 (all/both)

Most는 형용사로 사용될 경우와 명사나 대명사로 사용될 경우를 구분해야 한다.

(1) 형용사 most

'대부분의'라는 의미로서 명사 앞에서 설명.

Ex.

Most people think him honest.

In most contests, the team win a prize.

대부분의 사람들이 그를 정직하다고 생각한다.

대부분의 대회에서, 그 팀을 상을 받는다.

※ Most of people (X), In most of contests (X)

(2) 명사/대명사 most

정해진 어떤 것 중의 '대부분' 또는 '가장 많은 것'이라는 의미로서 명사/대명사로 사용.

Ex.

Most of the participants in the event were celebrities.

He understood most of the explanations by the professor.

그 행사의 참석자 중 대부분이 명사들이었다.

그는 교수의 설명 중 대부분을 이해할 수 있었다.

4) 명사와 명사의 만남

> 명사와 명사가 만나 하나의 의미를 만드는 복합 단어의 경우 앞의 명사는 형용사 역할을 하여 복수를 만들 수 없다.

Ex.

fruit cocktail	fruits cocktail (X)
office building	offices building (X)
24-year-old man	24-years-old man (X)
10-cent coin	10-cents coin (X)
100-dollar bill	100-dollars bill (X)

Practice 15-a [Writing]

281 **자동차 브랜드마다** 다른 특징을 가지고 있어요.
282 연비와 환경 **둘 다**를 고려하면, 전기차가 최고일 수 있어요.
283 **많은 장점을** 가지고 있는 하이브리드 자동차도 권할 만 해요.
284 우선 **연료를 많이** 절약할 수 있어요.
285 전에는 정부가 **약간의 금액을** 보조해주었는데, 현재는 안 해줘요.

Practice 15-a [Speaking]

286 Q : What brand of automobile do you like to recommend?
　　A : _____ automobile brand has different features.
287 Q : Is an electric car recommendable?
　　A : If you consider _____ of the fuel efficiency and the environment, an electric car may be the best.
288 Q : I think so, but it is troublesome to recharge it, isn't it?
　　A : A hybrid car having _____ advantages is recommendable also.
289 Q : What are advantageous?
　　A : First, we can save _____ fuel.
290 Q : Can I get some financial support from the government?
　　A : Before, the government supported _____ amount, but they don't now.

어휘 도우미
- 전기차 : electric car
- 연비 : fuel efficiency
- (재)충전하다 : recharge
- 재정 지원 : financial support

Practice 15-b [Writing]

291 인도네시아는 **많은** 인구와 천연자원을 가지고 있어요.

292 그곳에 **몇 번** 가보았어요.

293 저의 직장 동료한테서 **많은** 조언을 얻을 수 있을 거예요.

294 그 사람이 과거에 거기서 5년간 살았고, 거기 사는 친척도 **몇 명** 있어요.

295 그 사람을 **이틀에 한 번씩** 만나니까, 곧 약속 잡을게요.

Practice 15-b [Speaking]

296 Q : Do you know Indonesia well?

A : The country has a ____ population and _____ natural resources.

297 Q : Have you been there?

A : I have visited it _____ times.

298 Q : Can you give me some information?

A : You will be able to get _____ advice from my coworker.

299 Q : Has he lived in there?

A : He lived there for 5 years in the past, and has _____ relatives living there.

300 Q : When can I meet him?

A : I meet him _____ other day. I will arrange an appointment soon.

어휘 도우미

- 인구 : population
- 천연 자원 : natural resource
- 친척 : relative
- (만날) 약속 : appointment

5-3 another/other/the other 구분

때로는 형용사, 때로는 대명사로 사용되므로 잘 구분해서 사용해야 한다.

Point
* 형용사와 대명사로 각각 구분해서 사용해야 함.

구분	사용	설명/예문
another	형용사로 사용 (또 하나의, 또 다른 하나의)	+ an+other + 셀 수 있는 명사 앞에만 사용. + 하나(단수)인 경우에만 사용. Ex] I have **another pen** to use.
	대명사로 사용 (또 하나의 것(사람))	+ 셀 수 있는 명사 한 개를 대신할 경우에 사용. Ex] You can pick up **another** in the basket.
other	형용사 (다른 ~)	+ 셀 수 있는/없는 명사에 모두 사용. + 셀 수 있는 명사는 복수에만 사용. 단, some, any, no 뒤에는 단수도 가능. (any other way ...) Ex] He gets along in harmony with **other** people.
others	대명사 (다른 것(사람)들)	+ 셀 수 있는 명사를 대신하는 경우에 사용. Ex] He gets along in harmony with **others**.
the other	형용사 (나머지의)	+ 셀 수 있는/없는 명사에 모두 사용. Ex] I ate the **other** bread.
	대명사 (나머지 것(사람))	+ 셀 수 있는/없는 명사를 대신하여 모두 사용. Ex] I ate **the other**.
the others	대명사 (나머지 것(사람)들)	+ 셀 수 있는 명사를 대신하여 사용. Ex] Two students left today, and **the others** will leave tomorrow.

NOTE

자주 사용하는 말뭉치
- one another, each other : 서로 서로
- every other day(week/month/year/line...) : 하루 걸러서, 이틀에 한번
- one after another, one after the other : 하나씩 하나씩, 속속
- on the other hand : 반면에

5-4 긴 숫자 읽기

간단한 숫자는 쉽게 읽거나 말할 수 있지만, 긴 숫자를 빨리 말하거나 읽는 것은 규칙을 익히는 것이 중요하다. 또한 법률 문서 등에서는 숫자를 문자로 다음 괄호 안에 숫자를 넣는 것이 관행이다.

세 자리마다 새로운 단위가 생김	
1	one
10	ten
100	hundred
1,000	thousand
1,000,000	million
1,000,000,000	billion
1,000,000,000,000	trillion

Ex.

1 ~ 9	one ~ nine
10 ~ 99	ten ~ ninety nine
235	two hundred thirty five
3,968	three thousand nine hundred sixty eight
71,808	seventy one thousand eight hundred eight
562,780	five hundred sixty two thousand seven hundred eighty
1,390,236	one million three hundred ninety thousand two hundred thirty six
22,498,500	twenty two million four hundred ninety eight thousand five hundred
678,000,000	six hundred seventy eight million
9,130,007,200	nine billion one hundred thirty million seven thousand two hundred
20,355,890,000	twenty billion three hundred fifty five million eight hundred ninety thousand
878,560,299,600	Eight hundred seventy eight billion five hundred sixty million two hundred ninety nine thousand six hundred
9,000,525,000,000	nine trillion five hundred twenty five million

5-5 가짜 주어/목적어 It

주어나 목적어가 명사 역할을 하는 to부정사 형태 또는 that 형태의 명사절의 경우, It을 가짜 주어나 목적어로 사용한다.

Point
* to 부정사 형태 또는 that 명사절 대신 가짜 주어로 It을 먼저 가져올 수 있음.
* to 부정사 형태 대신 가짜 목적어로 It을 먼저 가져올 수 있음.

1) 가짜 주어 It

주어가 to 부정사 형태 또는 that 명사절일 때 It을 먼저 가져온 후 뒤에 진짜 주어를 놓는다.

Ex.1
To change a habit is not easy for anyone.
⇒ It is not easy for anyone to change a habit.

습관을 바꾸는 것은 누구에게나 쉽지 않다.

Ex.2
To take care of patients is my duty as a nurse.
⇒ It is my duty as a nurse to take care of patients.

환자를 돌보는 것은 간호사로서 나의 의무이다.

Ex.3
That he is honest is true.
⇒ It is true that he is honest.

그가 정직한 것은 사실이다.

Ex.4

That Korea has become one of the most advanced countries is incredible.
⇒ It is incredible that Korea has become one of the most advanced countries.

한국이 최고 선진국 중 하나가 된 것이 믿기 어려울만한 일이다.

2) 가짜 목적어 It

목적어가 to 부정사 또는 that절의 형태로서 긴 경우, It을 먼저 가짜 목적어로 가져온 후 뒤에 진짜 목적어를 놓는다.

Ex.1

I think it possible to change the Korean education system.

나는 한국의 교육체계를 바꾸는 것이 가능하다고 생각한다.

Ex.2

The leader made it efficient to operate his group.

그 지도자는 자기 그룹 운영을 효율적으로 만들었다.

Practice 16-a [Writing]

301 다음 주에 자원봉사 하러 **다른** 나라로 갈 예정이에요.

302 의료자원봉사단체의 **다른** 회원들과 함께 가요.

303 29명 중에서, 10명은 저와 먼저 떠나고, **나머지는** 2주 후에 합류해요.

304 **열악한 여건에서 지내는 게** 좀 힘들지만, 전처럼 캄보디아에서 할 거예요.

305 **그들이 질병을 예방하도록 돕는 것은** 아주 중요한 일이죠.

Practice 16-a [Speaking]

306 Q : What is your vacation plan?
　　A : I want to go to _____ country for volunteer service next week.

307 Q : Are you going alone?
　　A : I will go with _____ members of a volunteer medical service group.

308 Q : How many people will go along with you?
　　A : Out of 29 people, ten will leave with me first, and then _____ will join us after two weeks.

309 Q : Where will you do that activity?
　　A : _____ is a little hard to stay in harsh conditions, but we will do that in Cambodia as before.

310 Q : Do you think your service is significant for local people?
　　A : _____ is very important that we help them to prevent diseases.

> **어휘 도우미**
> - 자원 봉사 : volunteer service
> - 현지인들 : local people

Practice 16-b [Writing]

311 **다른** 두 회사와 계약을 체결했어요.

312 하나는 **사천육백만원**이에요.

313 나머지 하나는 작아요. **칠백오십만원**이에요.

314 **우리가 고품질 서비스를 제공하는 게** 중요하죠.

315 물론 **다른** 여러 나라에 진출할 겁니다.

Practice 16-b [Speaking]

316 Q : Did you make another agreement with that company?
   A : We made agreements with two _____ companies.

317 Q : Congratulations! How much are the contract amounts?
   A : One is _____ won.

318 Q : Oh, it is a big amount, isn't it?
   A : _____ is small. It is _____ _____ won.

319 Q : Can you continue to work with those companies?
   A : _____ is important for us to provide them with high-quality service.

320 Q : Are you going to advance abroad soon?
   A : Of course, we will advance to many _____ countries.

어휘 도우미
- 계약 : agreement
- 사천육백만원 : forty six million won
- 계약 금액 : contract amount
- 고품질 서비스 : high-quality service

제1부

제6장
명사 앞의 골칫거리
관 사
[Article]

6-1 관사의 역할과 사용
6-2 a/an [부정관사]
6-3 the [정관사]
6-4 관사가 필요 없는 경우
Practice 17

제6장
명사 앞의 골칫거리 관사
[Article]

6-1 관사의 역할과 사용

관사는 명사 앞에서 그것의 범위를 정해주거나 의미를 더해주는 단어이다. 명사의 범위를 정해주거나 의미를 더해주는 역할로서, a/an 또는 the로 나뉜다. 하지만, 관사가 사용되지 않는 경우도 있다.

Point
* 관사는 항상 명사 앞에만 놓임.
* 일상 회화에서 잘못 사용되는 관행도 있으나, 문서에서는 올바로 사용해야 함

> a/an [부정관사]   the[정관사]   관사가 붙지 않는 경우

6-2 a/an [부정관사]

부정관사(indefinite article)라고 하며, 다음과 같은 경우에 명사 앞에 붙인다.

1) 셀 수 있는 명사 앞

> **a** professor, **a** curriculum, **an** award, **an** image ...

2) 한 개(단수)인 명사 앞

> **a** lecture, **a** restaurant, **an** alumnus, **an** event ...

3) 발음이 모음으로 시작하는 단어 앞에 an

> **an** hour, **an** umbrella, **an** e-mail message ... (cf. **a** university)

4) '어떤', '하나의' 의미(정해진 것이 아닌)의 명사 앞

> **A** bank teller is **a** job of doing routine duties.

5) 어떤 그룹 중 대표성을 나타내는 명사 앞

> There is **a** school in that rural area.

6) -마다(every/per)의 의미

> I meet club members three times **a** week.

7) '같은'의 의미

> People of **a** generation are easy to understand each other.

6-3 the [정관사]

정관사(definite article)라고 하며 셀 수 있는 명사와 셀 수 없는 명사에 모두 올 수 있지만, 정해진 상태를 나타내는 명사 앞에 온다. 이것은 다음과 같은 여러 가지 약속에 따라 사용해야 한다.

1) 셀 수 있는 명사/셀 수 없는 명사 모두에 사용 가능

The development of technologies makes many people jobless.
(각종 기술의 발전이 많은 사람이 직업을 잃게 만든다.)

The students have got several certificates.
(그 학생들은 몇 가지 자격인증을 취득했다.)

2) 정해진 것을 가리키는 명사

She invited us to **the** party.

3) 서로 알고 있는 것을 가리키는 명사

She invited us to **the** party.

4) 언급된 후 재언급되는 명사

I applied to a company which is prospective. **The** company is developing a new 3D fashion design program.
(유망한 어떤 회사에 지원했다. 그 회사는 새로운 3D 패션 디자인 프로그램을 개발하고 있다.)

5) 세상에서 딱 하나인 명사

We have to save all resources on **the** earth.

6) 동물의 종(種)을 나타내는 명사

> **The** whale is a mammal.

7) 악기, 발명품을 나타내는 명사

> I can play **the** piano.
> **The** internet is the greatest invention in human history.

8) 종족 전체를 나타내는 명사

> **The** Masai walk barefoot.
> ※ 이 경우 '마사이족 사람들'을 나타내므로 복수로 취급하여 walks가 아닌 walk.

9) 최상급 형용사가 붙어 있는 명사

> Math is **the** most difficult subject.

10) [~번째] 가 붙어 있는 명사

> This is **the** second time that we tried the test.

11) [the+형용사] ⇒ 단수, 복수 또는 추상명사

> **The injured** was found by the police.
> (부상당한 사람이 경찰에 의해 발견되었다.)
>
> Several psychologists have studied **the unconscious** of humans.
> (여러 심리학자들이 인간의 무의식을 연구했다.)
>
> **All the poor** cannot be saved by any social welfare policy.
> (어떤 사회복지 정책도 가난한 사람을 모두 구할 수는 없다.)

12) 측정단위를 나타내는 명사

> Water is sold by **the** bottle.
> (물은 병 단위로 판매된다.)

13) 습관처럼 일반적으로 the를 붙이는 명사들

> **the** crowd, **the** police, **the** public, in **the** morning, in **the** afternoon, in **the** evening ...

14) all과 both 다음에 오는 명사

> all (of) **the** students, both (of) **the** universities ...

15) [only, same, next+명사]

> **the** only person, **the** same disease, **the** next door...

16) (누군가의) 신체 부위를 나타내는 명사

> He put some seeds on **the** palm.
> (그는 자기 손바닥에 씨앗 몇 개를 올려놓았다.)
> ※ 여기서 the는 his를 대신한 말

17) 방향, 방위를 나타내는 명사

> Turn to **the** left at the corner.
> Go to **the** west, and you will find a high-rise building.
> (서쪽으로 가면 고층 빌딩을 발견할 것이다.)

18) [the+형용사(부사) 비교급 ~, the+형용사(부사) 비교급 ~]

> **The** harder you work, **the** earlier you can finish it.

19) 고유명사 앞에는 각기 다르게 사용

(1) 복수(plural) 형태의 이름을 가진 국가 명칭 앞

> **the** United States, **the** Philippines, **the** Netherlands ...

(2) 반도 명칭 앞

> **the** Korean Peninsula, **the** Italian Peninsula ...

(3) 산맥 명칭 앞

> **the** Alps, **the** Andes, **the** Rocky Mountains ...

※ 산 이름 앞에는 the가 붙지 않음.

(4) 바다, 강, 해협, 운하(흐르는 물) 명칭 앞

> **the** Pacific Ocean, **the** Suez Canal, **the** Nile ...

※ 연못, 호수(흐르지 않는 물) 명칭에는 the가 붙지 않음.

(5) 열차, 선박 명칭 앞

> **the** Mayflower, **the** Flying Scotman ...

(6) 사막 명칭 앞

> **the** Sahara Desert, **the** Gobi Desert ...

(7) 신문, 잡지(저널) 명칭 앞

> **the** Los Angeles Times, **the** Financial Times ...

(8) 공공건물 명칭 앞

> **the** Seoul City Hall, **the** Korean Embassy ...

(9) 칭호 또는 직위 앞

> **the** King, **the** Queen ...

※ 단, 칭호 뒤에 이름까지 오면, the가 생략됨 (President Kennedy, Chairman Kim ...)

(10) 이름 앞에 설명해주는 명사나 형용사가 온 경우

> **the** writer Hemingway, **the** successful Rogers ...

(11) 원래의 고유명사에 The를 붙여서 만든 경우

> **The** Bank of Korea, **The** Republic of Korea ...

6-4 관사가 필요 없는 경우

다음과 같은 경우에는, a/an 또는 the를 둘 다 붙이지 않는다.

1) 일반적인 복수를 나타내는 명사 앞

automobiles, jobs, companies, employees ...

2) 일반적인 물질이나 추상적인 뜻의 명사 앞

steel, cheese, water, carbon, growth, happiness ...

3) go동사 뒤 원래 용도에 맞는 명사 앞

go to school, go to hospital, go to cinema ...

4) 식사, 질병, 운동을 나타내는 명사 앞

lunch, dinner, arthritis, lung cancer, baseball, soccer...

※ 가벼운 질병에는 a가 붙음 (a cold, a headache ...)

Practice 17-a [Writing]

321 테크니컬 라이터로 일하고 싶어요.

322 특별 과정을 이수하고 있어요.

323 주된 임무는 특정 목적을 위한 문서작업이에요.

324 경험이 많은 여성 강사가 가르쳐요.

325 문서화되는 커뮤니케이션의 전문용어, 표현 및 스타일 등을 배워요.

Practice 17-a [Speaking]

326 Q : What kind of job do you want to have?
A : I want to work as _____ technical writer.

327 Q : Oh, do you? How are you preparing?
A : I am taking _____ special course.

328 Q : What is the job descriptions of a technical writer?
A : Main duty is documentation for _____ certain purpose.

329 Q : Who are your instructors?
A : ___ female instructor having much experience teaches.

330 Q : What do you learn in the course?
A : We learn _____ terminology, expression, style and others of documented communications.

어휘 도우미
- 업무 설명 : job descriptions

Practice 17-b [Writing]

331 서울의 **중심에** 있는 **인사동 지역에** 가보세요.

332 **청와대**와 **북촌**도 걸어서 갈 수 있어요.

333 그곳 **거리에는** 많은 상점들이 자리 잡고 있어요.

334 '한옥'이라고 하는 전통 가옥들이 많이 있는 **한 지역의 명칭**이에요.

335 **미국 대사관**과 같은 상징적인 건물들이 있어요.

Practice 17-b [Speaking]

336 Q : Where can I see traditional culture in Seoul?
   A : Why don't you go to _____ Insa-dong area in _____ center of Seoul?

337 Q : It is near from the City Hall, isn't it?
   A : Right. You can go to _____ Cheong Wa Dae and Bukchon on foot.

338 Q : I'd like to purchase some souvenirs. Is it possible?
   A : Many shops are situated on _____ street there.

339 Q : What is Bukchon?
   A : It is _____ name of _____ district where there are many Korean traditional houses called Hanok.

340 Q : Are there anything else?
   A : There are symbolic buildings like _____ U. S. Embassy.

> **어휘 도우미**
> - 전통 문화 : traditional culture
> - 도보로 : on foot
> - 기념품 : souvenir
> - 전통 가옥 : traditional house

제1부

제7장

한 단어처럼 사용하는 [To+동사]
[To Infinitive]

7-1 명사로 사용
7-2 형용사로 사용
7-3 부사로 사용
7-4 to를 생략하는 경우
7-5 형용사 뒤의 「to+동사」
7-6 for ~ to+동사
Practice 18

제7장
한 단어처럼 사용하는 [To+동사]
[To Infinitive]

[to+동사]가 하나의 단어처럼 사용되는 것을 [to부정사]라고 하는데, 개념을 이해해서 각기 다른 용도로 사용해야 한다.

Point
* [to+동사]는 마치 한 단어처럼 3가지 역할을 함.
* 형용사 역할 – 명사를 설명
* 명사 역할 – 주어, 목적어, 보어로 사용.
* 부사의 역할 – 문장 전체 또는 동사를 돕는 데 사용.

7-1 명사로 사용

문장에서 명사처럼 주어, 목적어, 보어로 사용된다.

주어 | To live in an urban area makes us tired. 도회 지역에서 사는 것은 우리를 피곤하게 한다.

보어 | My dream is to own a house at seaside. 내 꿈은 바닷가에 집을 한 채 가지는 것이다.

목적어 | I want to travel Europe as soon as possible. 나는 되도록 빨리 유럽을 여행하고 싶다.
▶ 직역하면 "여행하는 것을 원한다"로서 want의 목적어.

7-2 형용사로 사용

다른 형용사처럼 명사(때로 대명사)를 설명/수식한다.

I have much work **to do** today.		오늘 해야 할 일이 많다. ▶ to do가 much work를 수식
I have many things **to do** today.		오늘은 할 일이 많다.

7-3 부사로 사용

동사를 돕거나 문장 전체를 돕는다.

To meet him, I was there for 2 hours yesterday.		그분을 만나기 위해서 어제 그곳에서 2시간 있었다.
I sometimes read foreign newspapers **to improve my English ability**.		나는 가끔 영어 실력을 키우기 위해서 외국 신문들을 읽는다.

7-4 to를 생략하는 경우

[to동사]에서 to는 빼고 동사만 두어야 하는 경우가 있다.

Point
* [to+동사]에서 to가 빠져야 하는 경우.
* 감각동사 뒤.   * 시킴동사 뒤.

1) 감각동사 뒤

문장 앞에 감각동사(지각동사)가 오면 뒤에 [to동사]의 to를 생략해야 한다.

| I saw a man **walk** in the park. | | 공원에서 어떤 남자분이 걸어가는 것을 보았다. |

※ I saw a man walking in the park.
　I saw a man who was walking in the park.
　이 문장들 속의 walking, 또는 who was walking 모두 형용사의 역할을 하므로, 거의 같은 의미로 사용됨.

2) 시킴동사 뒤

문장 앞에 시킴동사(사역동사)가 오면 뒤에 [to동사]의 to를 생략한다.
단, get 동사는 시킴의 뜻일 때도 [to동사]에서 to를 생략하지 않는다.

(1) let

| **Let** me **introduce** myself to you. | | 제 소개를 하겠습니다. |

| Please **let** us **know** the test result. | | 테스트 결과를 알려주세요. |

(2) make/have

| The company **makes** its employees **learn** updated IT skills. | | 그 회사는 직원들이 최신의 IT 기능들을 익히게 한다. |

| We **had** the task force team **conduct** a field survey. | | 우리는 전담팀으로 하여금 현장조사를 실시하도록 했다. |

> ※ make와 have가 시킴동사가 아닌 일반동사로 사용될 때는 to를 생략하지 않음.
> Ex]
> He **made** some money **to give** her.
> I **have** some gift **to give** you.

(3) help (to를 생략해도 되고 그대로 두어도 됨)

| He **helped** his team member **(to) prepare** the documents. | | 그는 팀 구성원이 문서 작성하는 것을 도와주었다. |

(4) get (to를 생략하지 않음)

| I **got** my sister **to clean** her room. | | 나는 동생으로 하여금 자신의 방을 청소하도록 했다. |

7-5 형용사 뒤의 「to+동사」

형용사(보통 감정을 나타내는 것) 뒤에 [to동사]는 그 형용사의 이유일 때가 많다.

| I'm **glad to see** you. | | 만나서 반가워요. |

| I'm **pleasant to hear** such good news. | | 그런 좋은 소식을 듣게 되어 기뻐요. |

7-6 for ~ to+동사

[to동사]의 행위의 주체를 바로 앞에 가져올 때는 for(전치사) 다음에 목적어(명사 또는 대명사)를 가지고 온다.
(많은 영문법 책에서 '의미상의 주어'라고 표현하고 있음.)

It is important **for us to keep** the rules in any case.		어떤 경우에도 우리가 규칙을 지키는 게 중요하다.
It will be an honor **for my students to win** the prize.		나의 제자들이 그 상을 타는 건 영광이겠죠.

Practice 18-a [Writing]

341 이곳에 **가지고 오려고** 급히 이 모형을 제작했어요.

342 지금 **시험할 수 있도록** 준비되어 있어요.

343 완벽합니다. **개선할** 것이 없어요.

344 무결함 제품을 **출시하기 위해** 최선을 다했습니다.

345 일주일 후에 **생산하기** 시작해서, 120일 후에 선적할 수 있어요.

Practice 18-a [Speaking]

346 Q : Have you brought a sample of your product?
    A : We made this mockup in a hurry _____ it here. [bring]

347 Q : Can we try testing this?
    A : It is ready _____ right now. [test]

348 Q : The performance is upgraded, isn't it?
    A : It is perfect. There's nothing _____. [improve]

349 Q : Do you mean there was no defect in the debugging process?
    A : We've done our best _____ a defect-free product. [launch]

350 Q : If we place an order of 1,000 sets, when can you deliver them?
    A : We will start _____ them after a week, and make shipment after 120 days. [produce]

어휘 도우미

- 실물 모형 : mockup
- 성능 : performance
- 결함제거 : debugging
- 무결함 : defect-free
- 발주하다 : place an order
- 선적하다 : make shipment

Practice 18-b [Writing]

351 유지보수 서비스를 **요청하는 것**은 합당하지 않은 것 같아요.
352 이것은 우리가 **책임져야 할** 문제거든요.
353 이 부품을 **수리해달라고** 요청하면, 무료가 아닐 거예요.
354 새것으로 **교체할** 필요가 있어요. 다른 선택의 여지가 없습니다.
355 이것을 위해서 회계팀에 **결제해달라고** 요청할게요.

Practice 18-b [Speaking]

356 Q : Have you called the vendor for service?
　　A : It seems to be unreasonable _____ maintenance service.　　[request]

357 Q : We paid the full amount for such service, didn't we?
　　A : This is a problem for us _____ responsibility.　　[take]

358 Q : Do you mean this service is beyond our contract?
　　A : If we request _____ this part, it will not be free.　　[repair]

359 Q : Then, what is our solution?
　　A : We need _____ it with new one. There's no other choice.　　[replace]

360 Q : Okay. Would you settle this problem?
　　A : I will request the accounting team _____ for this.　　[pay]

어휘 도우미

- 유지보수 서비스 : maintenance service
- 회계팀 : accounting team
- 협력업체 : vendor
- 결제하다 : pay

제1부

제8장
[To+동사]와 [동사ing]의 구분
[To Infinitive vs. Gerund]

8-1 [To+동사]와 [동사ing]의 역할 비교
8-2 동사 뒤의 목적어로 쓰일 경우
     1) [To+동사]와 [동사ing]가 함께 올 수 있는 동사
     2) [To+동사]만 올 수 있는 동사
     3) [동사ing]만 올 수 있는 동사
     4) 둘 다 올 수 있으나 뜻이 달라지는 동사
8-3 [To+동사]와 [동사ing]의 시제
Practice 19

제8장
[To+동사]와 [동사ing]의 구분
[To Infinitive vs. Gerund]

8-1 [To+동사]와 [동사ing]의 역할 비교

[To+동사]와 [동사ing]는 각각 to부정사와 동명사로 불린다.
이들이 명사로 사용될 때 둘 중 아무 것이나 사용해도 되는 경우와, 반드시 하나만 사용해야 하는 경우로 구분된다. 주어나 보어로 사용되는 경우에는 둘 다 사용해도 무방하지만, 동사의 목적어로 사용될 때는 동사가 무엇이냐에 따라 구분해야 한다.

Point
* [to+동사]의 기능 - 명사, 형용사, 부사
* 동사ing의 기능 - 명사
* 명사로 사용되는 경우, 용도에 따라 어떤 것을 사용할지 결정해야 함.

주어로 사용될 때	**To watch** a movie is my favorite thing. **Watching** a movie is my favorite thing.	※ 이 경우 둘 다 가능하나 watching을 선호.
보어로 사용될 때	My favorite thing is **to watch** a movie. My favorite thing is **watching** a movie.	※ 이 경우에도 둘 다 가능하나 to watch를 선호.
목적어로 사용될 때	I like **to go** shopping. I dislike **going** shopping.	※ 동사에 따라 to go와 going의 사용이 구분됨.

8-2 동사 뒤의 목적어로 쓰일 경우

동사 뒤의 목적어로 사용될 때는 동사에 따라 둘 중 어떤 것을 목적어로 가져올지 달라지므로, 각각의 동사에 맞는 목적어를 사용해야 한다.

1) [To+동사]와 [동사ing]가 함께 올 수 있는 동사

like, love, prefer, hate, can't bear, can't stand, begin, start, commence, continue ....

Ex.
I **like to watch** a movie.
I **like watching** a movie.

2) [To+동사]만 올 수 있는 동사

agree, ask, appear, decide, expect, hesitate, intend, plan, learn, manage, need, hope, want, wish, offer, pretend, promise, refuse, see ....

Ex.
I **agreed to help** them.

3) [동사ing]만 올 수 있는 동사

admit, appreciate, avoid, deny, mind, delay, postpone, finish, give up, quit, consider, discuss, mention, dislike, enjoy, keep, imagine, recall, recollect, suggest ....

Ex.
We are **considering providing** a new program.

4) 둘 다 올 수 있으나 뜻이 달라지는 동사

forget, regret, remember, try ....

Ex.
I **forgot** to meet him.
(그를 만날 것을 잊었다.)
I **forgot** meeting him.
(그를 만난 것을 잊었다.)

I **regret** to say this to you.
(이 말을 하게 돼서 유감이다.)
I **regret** saying this to you.
(네게 이걸 말한 것이 후회된다.)

I **remember** to meet him.
(그를 만날 것을 기억하고 있다.)
I **remember** meeting him.
(그를 만났던 걸 기억하고 있다.)

I **tried** to operate it.
(그것을 작동시키려고 노력했다.)
I **tried** operating it.
(그것을 시험 삼아 작동시켜보았다.)

8-3 [To+동사]와 [동사ing]의 시제

[To+동사]와 [동사ing]가 명사의 기능을 할 경우에 아직 동사의 기능도 가지고 있어, '~하는 것'을 '~ 한 것'으로, '~함'을 '~했음'으로 표현하려면 과거 형태로 만들 수가 있다.

Having lived in a large city for years has made him so tired. She appears **to have done** well on the test.	수년간 대도시에서 산 것이 그를 아주 피곤하게 했다. 그녀는 시험을 잘 치른 것으로 보인다.

Practice 19-a [Writing]

361 식품협회에서 한국요리학교 **설립할 것을** 제의했어요.

362 다른 것도 있지만, 그건 **고려하는 것을** 그만두었어요.

363 그 회사가 현물로 **투자하겠다고** 제시해서요.

364 큰 투자자를 **찾으려** 노력 중이에요.

365 하지만, 대기업을 **유치할 수 있을** 것 같아요.

Practice 19-a [Speaking]

366 Q : What suggestion did you get for that land?
    A : The Food Association suggested _____ a Korean culinary school. [establish]

367 Q : Is there anything else?
    A : We got another one, but we quit _____ it. [consider]

368 Q : Why did you quit it?
    A : The company offered _____ in kind. [invest]

369 Q : Why don't you find another investor?
    A : We are trying _____ a big investor. [find]

370 Q : If you fail, are you going to choose the culinary schoolplan?
    A : But, it seems to be possible _____ a major company. [attract]

어휘 도우미

- 한국 요리 학교 : Korean culinary school
- 투자자 : investor
- 현물로 : in kind
- 대기업 : major company

Practice 19-b [Writing]

371 CES에 **참가할** 계획이에요.
372 새로운 아이템 **개발을** 다소 늦춰서, 스케줄이 걱정되네요.
373 **예약할지 말지** 망설이고 있어요.
374 기밀이니까 어떤 회사든 그런 정보는 **밝히기를** 꺼리죠.
375 세계 최고의 회사들과 판매 계약 **체결하길** 기대합니다.

Practice 19-b [Speaking]

376 Q : Are you going to participate in some exhibitions next year?
　　A : We are planning _____ in CES. [participate]
377 Q : Are you ready for it?
　　A : We have delayed _____ a new item a little, so we worry about the schedule. [develop]
378 Q : Have you booked a booth?
　　A : We are hesitating _____ it or not. [reserve]
379 Q : What are you going to introduce there?
　　A : Any company minds _____ such information because it's confidential. [disclose]
380 Q : Do you expect a big promotional effect from the exhibition?
　　A : We expect _____ a sales contract with world-foremost companies. [make]

어휘 도우미

- 전시회 : exhibition
- 홍보 효과 : promotional effect
- CES : (Internatinal) Consumer Electronics Show
- 세계 최고 회사 : world-foremost company

제1부

제9장

스펠링이 같아 혼동되는 동명사와 현재분사
[Gerund vs. Present Participle]

9-1 동명사의 적용
9-2 현재분사의 적용
Practice 20

제9장
스펠링이 같아 혼동되는
동명사와 현재분사
[Gerund vs. Present Participle]

스펠링이 똑같이 [동사ing]이기 때문에 쓰임새를 혼동하기 쉬운 동명사와 현재분사는 어떤 기능을 하는지에 따라 잘 구분해서 써야 한다.

Point
* 동명사 [동사ing]의 기능 – 명사
* 현재분사 [동사ing]의 기능 – 진행형 시제, 형용사, 분사구문, 동시 상황

9-1 동명사의 적용

동명사는 문장에서 명사처럼 주어, 보어, 목적어로 사용된다.

| 주어 | **Increasing** the price is our dilemma. | ↔ | 가격을 인상하는 것이 우리의 딜레마이다. |

| 보어 | Our dilemma is **increasing** the price. | ↔ | 우리의 딜레마는 가격을 인상하는 것이다. |

| 목적어 | We are considering **increasing** the price. | ↔ | 우리는 가격 인상할 것을 고려 중이다. |

9-2 현재분사의 적용

현재분사는 시제 중 진행형에 사용되거나 명사를 수식하는 형용사로 사용된다.

They **have been running** a business for 20 years.		그들은 20년 동안 사업을 해왔다.
The **ruling party** decided to submit the bill.		여당이 그 법안을 제출하기로 결정했다.
While **working**, I feel happy.		일하는 동안, 나는 행복하다.
He had difficulty **seeking for** a job.		그는 직업을 구하면서 어려움을 겪었다.

Practice 20-a [Writing]

381 그 용어들을 **보여주는** 목록을 가지고 있나요?

382 '스플릿(Split)'은 3D 물체를 나눌 수 **있게 해주는** 작업을 의미해요.

383 평면을 사용해서 파트나 피처를 **절단해서** 생기는 또 다른 파트를 의미하기도 합니다.

384 '어플리케이션 윈도우'는 CATIA 버전 5 어플리케이션을 **포함하는** 윈도우예요.

385 '콜렉션'은 몇 가지 공통점을 **공유하는** 물체들의 세트를 의미하는 거예요.

Practice 20-a [Speaking]

386 Q : Could you define these terms contained in this textbook?
   A : Do you have a list _____ those terms? [show]

387 Q : Yes, I do. First, what does 'Split' mean?
   A : 'Split' means the work _____ to divide a 3D object. [enable]

388 Q : Does it have another meaning?
   A : It also means another part created by _____ a part or a feature by the use of a plane. [cut]

389 Q : How can I explain 'Application Window'?
   A : 'Application Window' is the window _____ CATIA Version 5 application. [contain]

390 Q : This is the last one. What does 'Collection' mean?
   A : 'Collection' means a set of objects _____ several common points. [share]

어휘 도우미

- 용어 : term
- 물체 : object
- 공통점 : common point

Practice 20-b [Writing]

391 **걷는 것이** 가장 좋은 운동이라고 생각해요.
392 주말에는 축구를 즐겨 **한답니다**.
393 옥외 스포츠를 더 좋아해요. **등산**도 나를 상쾌하게 해요.
394 수시로 **여행도 간답니다**.
395 당신과 함께 **가는 걸** 고려해볼게요.

Practice 20-b [Speaking]

396 Q : What kind of exercise or sport do you like?
　　A : I think _____ is the best exercise.　　　　　　[walk]
397 Q : Don't you do any sports?
　　A : I enjoy _____ soccer on weekends.　　　　　　[play]
398 Q : You mean you like doing outdoor activities, don't you?
　　A : Yes, I prefer outdoor sports.
　　　　Mountain _____ also makes me refresh.　　　　[hike]
399 Q : You seem to have multiple hobbies.
　　A : I also go _____ from time to time.　　　　　　[travel]
400 Q : I usually go to gym. Shall we go together next time?
　　A : I will consider _____ with you.　　　　　　　　[go]

> **어휘 도우미**
>
> • 옥외 활동 : outdoor activity　　• 등산 : mountain hiking

제1부

제10장
널리 쓰이는 의문사
[Question Words]

10-1 의문문에 사용
10-2 명사절에 사용
10-3 형용사절에 사용
10-4 부사절에 사용
Practice 21

제10장
널리 쓰이는 의문사
[Question Words]

의문사(Question Words)는 의문문에서 뿐만 아니라 명사절이나 형용사절, 부사절에서 다양하게 사용되지만, 역할과 기능은 각기 다르다.

Point

* how, what, when, where, which, who, why.....
  ▶ 의문문, 명사절, 형용사절, 부사절에 사용.

10-1 의문문에 사용

의문문에서 단독으로 사용할 때는 부사, 대명사(주어, 목적어, 보어)로서 쓰인다. 또한 명사 앞에서 형용사로도 사용된다.

How can I get to the bus station?		버스 정거장에 어떻게 갈 수 있나요?
The **ruling party** decided to submit the bill.		제가 무엇을 해드릴까요?
What can I do for you?		집에 언제 가실 건가요?

Where do you live?	↔	어디에 사세요?
Who are they?	↔	그들이 누구예요?
Why did you come here?	↔	이곳에 어떻게 오셨어요?

What kind of music do you like?	↔	어떤 종류의 음악을 좋아하세요?
Which one is better, this one or that one?	↔	이것과 저것 중 어떤 것이 좋을까요?
Whose car is parked over there?	↔	저쪽에 누구의 차가 주차되어 있는 건가요?

10-2 명사절에 사용

명사절을 이끄는 접속사 역할을 한다.

What I want is to learn how to operate the program.		제가 원하는 것은 그 프로그램을 어떻게 운용하는지 배우는 겁니다.
I will explain to you **how** the program works.		그 프로그램이 어떻게 작동하는지 설명해줄게요.
Please let me know **when** is convenient for you.		당신에게 언제가 편리한지 알려주세요.
Do you know **where** he lives?		그분이 어디에 사는지 아세요?
I know **who** he is.		그분이 누구인지 알아요.
That is **why** the student is absent today.		그것이 오늘 그 학생이 결석한 이유예요.

10-3 형용사절에 사용

형용사절을 이끄는 대명사 또는 (관계)부사로 사용된다.

I know a man **who** is a famous automotive designer. 유명한 자동차 디자이너인 사람을 알아요.

The man **whose** lecture is excellent is our professor. 강의가 훌륭한 그 분이 저희 교수님이에요.

I have two friends **whom** I tell my secrets. 제 비밀을 얘기하는 친구가 2명 있어요.

The building **which** was built 100 years ago is a hotel. 100년 전에 건축된 그 건물은 호텔이에요.

I went to hospital **where(in which)** there were many patients. 환자가 많은 병원에 갔었어요.
= 병원에 갔는데 환자가 많았어요.

I met him in 2016 **when(in which)** I was a high school student. 그 분을 제가 고등학교 학생이던 2016년에 만났어요.

10-4 부사절에 사용

부사절을 이끄는 접속사로 사용된다.

When he launched this song, the response was sensational. 그 사람이 이 노래를 선보였을 때, 반응이 선풍적이었다.

Where he goes, many people come to see him. 그 사람이 가는 곳에는 그를 보러 많은 사람들이 몰려온다.

Practice 21-a [Writing]

401 **어떤** 종류의 음식을 좋아하세요?
402 한국 식당이 **어디에** 있는지 아세요?
403 한국 음식이면 **무엇이든** 좋아요.
404 지방이 많이 포함된 음식들을 계속 먹고 싶진 않아요.
405 한국 음식을 요리하고 싶은데 **어떻게** 요리하는지 잘 몰라요.

Practice 21-a [Speaking]

406 Q : Shall we go for lunch?
   A : _____ kind of food do you like?
407 Q : I like most foods. How about having Korean food?
   A : Do you know _____ a Korean restaurant is?
408 Q : Yes, there is one restaurant in this town. What do you want to eat?
   A : _____ is good to me if it is a Korean dish.
409 Q : Oh, you don't like western food, do you?
   A : I don't want to keep on having dishes _____ contain much fat.
410 Q : Then, why don't you cook by yourself?
   A : I want to cook Korean dishes, but I don't know well _____ to cook them.

Practice 21-b [Writing]

411　우리나라에는 각각의 특징을 가지고 있는 4계절이 있어요.

412　당신이 보고 싶은 게 **무엇이냐에** 달려있죠.

413　템플 스테이에 대해 **어떻게** 아세요?

414　**몇 명**이 올 건가요?

415　한국의 동남 지역에 위치한 해인사를 권하고 싶어요.

Practice 21-b [Speaking]

416　Q : If I go on a travel to Korea, which season is recommendable?

　　　A : We have four seasons _____ have respective characteristics.

417　Q : Do you mean every season is good?

　　　A : It depends on _____ you like to see.

418　Q : Then, which temple is good to stay?

　　　A : _____ do you know about temple stay?

419　Q : I have much interest in it. Would you introduce one temple?

　　　A : _____ many people will come?

420　Q : I will go with two others. Do you have any idea?

　　　A : I like to recommend you Hae-in-sa _____ is located in the south-eastern area of Korea.

제2부

제11장
구와 절 사용하기
[Phrase & Clause]

11-1 구(Phrase)의 종류와 사용
   1) [전치사+명사]구의 역할
   2) 부사구의 활용

11-2 절(Clause)의 종류와 사용
   1) 독립절 [Independent Clause]
   2) 종속절 [Subordinate Clause]
   Practice 22

제11장
구와 절 사용하기
[Phrase & Clause]

11-1 구(Phrase)의 종류와 사용

두 개 이상의 단어로 이루어진 말뭉치가 구(phrase)이며, 가장 많이 사용되는 것이 [전치사+명사]구와 부사구이다.

Point
* [전치사+명사]구 ⇒ 형용사, 부사 기능

1) [전치사+명사]구의 역할

전치사와 명사류(명사, 대명사, 동명사, 명사절)의 말이 합쳐지면, 형용사 또는 부사의 역할을 하게 된다.

In recent decades, a great number of honey bees have disappeared **on the earth**.		최근 수십 년간, 수많은 꿀벌이 지구상에서 사라졌다.
The students **at our department** have many opportunities **of using** 3D software programs.		우리 학과 학생들은 3D 소프트웨어 프로그램들을 사용할 기회를 많이 갖는다.
Many companies conduct researches **on how we could overcome diseases**.		많은 회사들이 어떻게 질병들을 극복할 수 있는지에 관한 연구를 실시하고 있다.
Whose is the book **on the desk**?		책상 위의 책이 누구의 것인가요?

2) 부사구의 활용

> 부사구라는 생각을 하지 못한 채 일반적으로 사용되는 표현들이 많이 있다. 이것도 결국 전치사와 명사가 결합되어 부사의 역할을 하는 것으로서, according to, because of, due to, owing to, despite, in spite of 등이 전치사의 역할을 하고 있다는 것을 알아두면 빨리 이해될 것이다.

According to the company rule, new employees have to take the training course.		사칙에 따르면, 신입사원들은 연구 과정을 이수해야 한다.
Due to our fault, we couldn't reach the goal.		그들의 과오로 인해서, 우리가 목표에 이르지 못했다.
I didn't buy the item **because of high price**.		비싼 가격 때문에 그 품목을 안 샀다.
Despite hot weather, a number of people gathered in the stadium.		더운 날씨에도 불구하고 많은 사람들이 경기장에 모였다.

11-2 절(Clause)의 종류와 사용

> 주어와 동사를 갖춘 말뭉치를 절(clause)라고 하며, 하나의 절로서 문장이 되는 경우에 독립절이 되며, 문장이 되지는 못하지만 문장 속에서 명사나 형용사 또는 부사의 역할을 하는 절을 종속절이라 한다.

Point
* [주어+동사] ⇒ 절의 요건
* 절의 종류 - 독립절 : 일반 문장 / - 종속절 : 명사절, 형용사절, 부사절

1) 독립절 [Independent Clause]

> 주어와 동사를 갖추고 있으며 그 자체로 문장이 되는 절.

We have two semesters in a school year.		1년에 두 학기가 있어요.
I mastered this book last year.		작년에 이 책을 충분히 공부했어요.

2) 종속절 [Subordinate Clause]

> 주어와 동사를 갖추고 있지만, 홀로 문장이 될 수는 없고, 문장 속에서 일부 기능만 하는 절. 명사절, 형용사절, 부사절이 있다. (상세한 내용은 각각 제 12장~17장 참조.)

| 명사절 | I think **that my future will be bright**. | ↔ | 그것이 내가 원하는 거예요. |

| 형용사 | We introduced a new English learning system **which was developed only for our students.** | ↔ | 우리는 우리 학생들만을 위해서 개발된 새로운 영어 학습 시스템을 도입했다. |

| 부사절 | **Now that we are good at English**, we will have no problem in taking classes in English. | ↔ | 이제 영어를 잘하기 때문에 우리는 영어로 제공하는 수업을 수강하는 데 문제가 없을 것이다. |

Practice 22-a [Writing]

421 **저의 영어 실력이 점점 향상되고** 있다고 생각해요.

422 우리 대학에서 **우리 학과에 맞춤화된** 특별 프로그램을 채택했어요.

423 **문법, 라이팅, 그리고 스피킹이 결합된** 새로운 시스템이에요.

424 제가 알기로는, **우리 대학이 우리한테만 제공하는데요**.

425 그러한 경우에는 **내용이 다를 거라** 생각해요.

Practice 22-a [Speaking]

426 Q : How is your English learning progress?
　　A : I think (that) my English skill _____. [improve]

427 Q : Can you tell me how you learn?
　　A : Our university adopted a special program which _____
　　　　for our department. [customize]

428 Q : Is it quite different from others?
　　A : It is a new system where grammar, writing and speaking _____
　　　　_____. [combine]

429 Q : It seems to be very effective. Can I take that class also?
　　A : As I know, it is the program which our university _____
　　　　to us only. [provide]

430 Q : Oh, really? Then, can you check if the program is available for others
　　　　than your university students?
　　A : I think (that) the contents _____ different in such a case. [be]

Practice 22-b [Writing]

431 <u>3D 프린터 사용하는 방법을</u> 배웠어요.

432 <u>4차 산업혁명을 이끌</u> 혁신적인 기술들이 우리 교육과정에 포함되어 있어요.

433 <u>우리는 졸업할 때까지</u> 자격증을 여러 개 취득하게 될 거예요.

434 <u>제가 2학년인데도</u> 2개 자격증을 가지고 있거든요.

435 <u>작년에 취득한</u> 그 자격증들이 빅데이터에 관련된 것들이에요.

Practice 22-b [Speaking]

436 Q : Can you operate a 3D printer?

A : I have learned <u>how we</u> _____ a 3D printer. [operate]

437 Q : You seem to learn most advanced technologies, don't you?

A : Innovative technologies <u>which</u> _____ The Fourth Industrial Revolution are included in our curriculum. [lead]

438 Q : Wow! Will you get ready to work as a qualified designer when you graduate?

A : We will get many certificates <u>until we</u> _____. [graduate]

439 Q : Have you got some of them already?

A : I have two certificates <u>although I</u> _____ a sophomore. [be]

440 Q : What kinds of certificates do you have?

A : The certificates <u>which I</u> _____ last year are related to big data. [get]

> **어휘 도우미**
> - 최첨단 기술 : most advanced technology
> - 제 4차 산업혁명 : The Fourth Industrial Revolution
> - 교육과정 : curriculum
> - 자격증(인증서) : certificate
> - 2학년생 : sophomore

제2부

제12장
명사절
[Noun Clause]

12-1 명사절의 역할
12-2 의문사로 시작하는 명사절
12-3 that으로 시작하는 명사절
12-4 if/whether로 시작하는 명사절
12-5 because로 시작하는 명사절
12-6 명사절의 변형
Practice 23

제12장
명사절
[Noun Clause]

12-1 명사절의 역할

명사절은 [주어+동사]로 이루어져 있지만, 하나의 문장이 될 수는 없고 문장 속에서 명사의 역할을 하는 절을 의미한다. 보통 의문사(how, what, when, where...)나 that, if/whether, because가 이끌고 온다.

Point
* 의문사/that/if/whether/because + [주어+동사]   * 명사의 역할 – 주어, 목적어, 보어

12-2 의문사로 시작하는 명사절

의문사가 [주어+동사]를 이끌고 오는 경우 _ how, what, when, where, which, who, why .....

The team reported **how they will conduct this research**.		그 팀은 이 연구를 어떻게 실시할 것인지 보고했다.
That's **what I want to do**.		그것이 내가 하고 싶은 것이에요.
Please advise **when is convenient for you**.		언제가 당신에게 편리한지 알려주세요.

Do you know **who the gentleman is**? 그 신사분이 누구인지 아세요?

I told you **why we have to learn English well**. 우리가 왜 영어를 잘 배워야 하는지 말해줬잖아요.

12-3   that으로 시작하는 명사절

that이 [주어+동사]를 이끌고 오며, 이 명사절은 대부분 보어나 목적어로 사용한다. 주어로 사용될 때는, 보통 It을 가짜 주어로 앞에 두고 that~절은 뒤에 둔다. 목적어로 사용할 때는 that을 생략할 수 있다.

Everybody knows **that many existing jobs will disappear in future**. 많은 현존하는 직업이 가까운 미래에 사라질 것을 알고 있다.

The reason is **that new technologies will replace such jobs**. 이유는 새로운 기술들이 그러한 직업들을 대체할 것이기 때문이다.

알아두기

(1) that~ 명사절이 주어일 때

주어가 길어지므로 이 경우 대부분 It을 가짜 주어로 하고 진짜 주어인 that~절은 뒤에 둔다.

That he has the patent for the program is true. **It** is true **that he has the patent for the program**.

그 사람이 그 프로그램에 대한 특허를 보유하고 있는 것은 사실이다.

(2) that~절이 앞의 명사를 풀어서 설명할 때

Nobody knows **the fact that he discovered the secret**. ※ 여기서 the fact = that~절

그 사람이 비밀을 발견한 사실을 아무도 모른다.

(3) that~절이 목적어로 사용될 때

문장에서 목적어로 사용되는 경우 (that)을 생략할 수 있다.

12-4 if/whether로 시작하는 명사절

if/whether로 시작하는 절은 명사절과 조건을 나타내는 부사절이 있다. 명사절로 사용되는 경우에는 주어, 목적어, 보어 역할을 한다.

Nobody knows **if this business will be successful or not**.		아무도 자신이 성공할지 못할지 모른다.
Whether or not he comes is not important.		그가 오는지 여부는 중요하지 않다.

비교 부사절에 사용되는 whether

We will conduct this project **whether or not we can get support from the local government**.		지방 정부로부터 지원을 받든 못 받든 이 프로젝트를 수행할 것이다.

 NOTE

if/whether절이 부사절로 쓰일 경우에는 조건을 나타내며, 그 경우에는 미래 상황이라도 현재 시제로 표현해야 하지만, 명사절로 사용될 때는 미래 상황을 그대로 미래 시제로 표현한다.

12-5 because로 시작하는 명사절

because로 시작하는 절은 명사절과 부사절이 있다. 명사절로 사용되는 경우에는 주어를 설명해주는 보어 역할을 한다.

It is because this country has developed rapidly.		그것은 이 나라가 급속히 발전했기 때문이다.

12-6 명사절의 변형

명사절을 'to부정사'를 이용하여 줄여서 사용하기도 한다.

I don't know **how I should get there**. I don't know **how to get there**.

그곳에 어떻게 가야 할지 모르겠네요.

How you should speak is more important than **what you should speak**. **How to speak** is more important than **what to speak**.

어떻게 말하느냐가 무엇을 말하느냐보다 더 중요하다.

The theme of today's forum is **how we should develop our business**. The theme of today's forum is **how to develop our business**.

오늘 포럼의 주제는 우리 사업을 발전시킬 방법이다.

Practice 23-a [Writing]

441 <u>과제를 어떻게 시작해야 할지</u> 모르겠어요.

442 교수님이 <u>로봇공학에서 사용되는 각 용어를 내 자신의 용어로 정의해야 한다고</u> 말씀하셨어요.

443 <u>어떤 언어로든 내가 그것들을 이해해서 표현해야 하는 건</u> 도전이에요.

444 <u>그것이 지능 시스템에 관한 것인 거라고</u> 알고 있어요.

445 <u>무엇을 어떻게 배울지는</u> 저의 노력에 달려 있죠.

Practice 23-a [Speaking]

446 Q : Have you finished your assignment?
  A : I don't know <u>how</u> _____ start the assignment. [start]

447 Q : Why do you have trouble in doing it?
  A : My professor said <u>that</u> _____ each term used in robotics in my own words. [define]

448 Q : Do you have to do it in Korean or English?
  A : It is a challenge <u>that</u> _____ them in any language. [understand, express]

449 Q : Is that about information control?
  A : I know <u>that</u> _____ about intelligence system. [be]

450 Q : All the subjects are difficult in your major, aren't they?
  A : <u>What and how</u> _____ depends on my effort. [learn]

어휘 도우미
- 과제 : assignment
- 용어 : term
- 로봇공학 : robotics
- 정보 제어 : information control
- 지능 시스템 : intelligence system

Practice 23-b [Writing]

451 내 생각에 **당신이 K-팝 공연들을 보고 싶을 것 같네요**.

452 **어떤 가수를 좋아하는지 말해보세요**.

453 금액은 **당신이 어떤 가수를 선택할 것이냐**에 따라 달라지죠.

454 **언제 방문할 것인지가** 가장 중요해요.

455 좋아요. 우리가 **무엇을 볼 것인지** 같이 선택합시다.

Practice 23-b [Speaking]

456 Q : I like to go to Seoul someday. Guess why.
   A : I think that _____ to see K-pop performances. [want]

457 Q : That is one of my reasons. How can I book a concert?
   A : Tell me which singer _____. [like]

458 Q : I like many singing groups. Are their concerts expensive?
   A : The price depends on which group _____. [choose]

459 Q : Can I tell you after picking up the singing groups?
   A : When _____ is most important. [visit]

460 Q : Then shall we meet tomorrow to pick up the concert to watch according to my schedule?
   A : Okay. Let's choose together what _____. [watch]

어휘 도우미

- 공연 : performance
- 예약하다 : book, reserve

제2부

제13장
남의 말 전달하는
화법 - 또 하나의 명사절
[Quoted Speech]

13-1 그대로 전달하기
 [직접 화법 -Direct Report]
13-2 내 말로 바꿔 전달하기
 [간접 화법 -Indirect Report]
Practice 24

제13장
남의 말 전달하는 화법 - 또 하나의 명사절
[Quoted Speech]

다른 사람이 한 말을 또 다른 사람에게 전달하는 표현인데, 이것도 명사절의 종류라고 할 수 있다. 그 말의 내용이 곧 say, tell, whisper 등의 목적어가 되기 때문이다. 이것은 그대로 전달하는 경우도 있고, 자신의 말로 바꿔서 전달할 수도 있다.

화법에 사용되는 동사
say, tell, answer, ask, whisper, yell, shout, claim, insist, add, continue, describe, explain, emphasize ....

13-1 그대로 전달하기 [직접 화법 -Direct Report]

다른 사람이 한 말을 또 다른 사람에게 그대로 옮기는 표현으로서 구두점(부호)과 순서가 상당히 중요하다.

Point
* 구두점과 말의 순서에 주의해야 한다.
* 콤마(,) + 인용부호(") + 대문자로 시작 + 마침표(.) + 인용부호(").

He said, "We are proud of our university." 그는 "우리 대학이 자랑스러워요"라고 말했다.

My professor told us, "You will be able to get a good job."		교수님께서 우리에게, "여러분은 좋은 직업을 구할 수 있을 거예요"라고 말씀하셨다.
The interviewer asked me, "What kind of book do you like?"		면접관이 나에게, "어떤 종류의 책을 좋아하세요?"라고 물었다.

13-2 내 말로 바꿔 전달하기 [간접 화법 -Indirect Report]

다른 사람이 한 말을 또 다른 사람에게 자신의 말로 바꿔서 옮기는 표현으로서 명사절의 시제를 정확하게 맞춰야 한다.

Point

* 명사절의 시제를 주의해야 한다.
* 또한 주어를 정확하게 찾아야 한다.
* 명령문을 전달할 경우에는 to부정사로 표현한다.

She said, "They **will** arrive in Seoul after a few days."		She said that they **would** arrive in Seoul after a few days.

그녀가 그들이 며칠 후에 서울에 도착할 거라고 말했어요.

The teaching assistant explained, "You **will** use a separate paper for your answers."		The teaching assistant explained that we **would** use a separate paper to write down our answers.

조교가 우리가 별도의 용지를 이용해서 답을 적게 될 것이라고 설명했다.

Our team leader told me, "**Find** your role in the team."		Our team leader told me **to find** my role in the team.

우리 팀장이 나에게 팀 내에서 나의 역할을 찾아보라고 말했다.

Practice 24-a [Writing]

461 조교가 나에게 3시까지 그곳에 와야 할 거라고 했어요.

462 잘 모르겠는데, 친구가 긴장하지 말라고 말해줬어요.

463 교수님께서 면접관이 두 분일 거라고 하셨어요.

464 교수님께서 우리들에게 영어로만 답하라고 당부하셨어요.

465 가족들에게 합격하겠다고 말했어요.

Practice 24-a [Speaking]

466 Q : Did you have an interview to go to France?
　　A : The teaching assistant told me (that) _____ there by 3:00 p.m.　　　　　　　　　　　　　　　　　　　　　　[be]

467 Q : Do you know what will be asked?
　　A : I don't have ideas, but my friend said _____ nervous.　　[be]

468 Q : Who are the interviewers?
　　A : Our professor said two interviewers _____ questions.　　[ask]

469 Q : Can you answer in Korean?
　　A : He asked for us _____ in English only.　　[answer]

470 Q : Can you do well?
　　A : I said to my family (that) I _____.　　[make success]

어휘 도우미

- 조교 : teaching assistant
- 면접관 : interviewer

Practice 24-b [Writing]

471 예, 읽어봤어요. 기자가 "학부의 목표가 무엇입니까?"라고 물었어요.

472 교수님께서 목표는 우리가 세계적인 기업에서 일하도록 돕는 것이라고 답하셨어요.

473 기자가 다시 "특별한 프로그램들이 있는지요?"라고 질문했어요.

474 우리가 산업현장에서 실제의 운용 프로그램들을 실습하는 기회를 갖는다고 말씀하셨어요.

475 아버지께서 저의 미래에 대해 걱정하지 않을 거라고 말씀하셨어요.

Practice 24-b [Speaking]

476 Q : Have you read an article about our university on the newspaper?
   A : Yes, I have read it. The reporter asked, "What _____ the goal of your division?" [be]

477 Q : What was the answer of our professor?
   A : He answered (that) the goal _____ to help us to work at world-class companies. [be]

478 Q : What was the next question?
   A : The reporter asked again, "Do you _____ special programs?" [have]

479 Q : What was his answer to that question?
   A : He said that we _____ an opportunity of practicing the actual operating programs in the industrial field. [have]

480 Q : After reading this article, what did your parents say?
   A : My father told me that he _____ about my future. [worry]

제2부

제14장
앞 단어를 설명해주는 관계대명사의 형용사절 I
[Adjective Clause I]

14-1 형용사절을 이끄는 대명사
14-2 사람을 나타내는 형용사절의 대명사
14-3 사물을 나타내는 형용사절의 대명사
14-4 사람/사물을 모두 나타낼 수 있는 that
14-5 that만 사용해야 하는 경우
Practice 25

제14장
앞 단어를 설명해주는
관계대명사의 형용사절 I
[Adjective Clause I]

길게 [주어+동사]를 갖춘 절(clause)을 사용해서 앞의 명사를 설명(수식)하는 경우, 그러한 절을 형용사절이라 하며, 그 형용사절은 앞의 명사를 대신하는 대명사가 이끈다.

14-1 형용사절을 이끄는 대명사

형용사절을 이끄는 대명사는 그 앞의 명사를 대신하는 것이다.

Point
- 형용사절을 이끄는 대명사는 그 앞의 명사를 대신하는 것.
- 형용사절의 대명사 : who(whose, whom), which, that
- 형용사절에서 목적어인 대명사(whom, which, that)는 생략 가능.

He is <u>a singer</u> **who has many hit songs**.		그 사람은 많은 히트송을 가지고 있는 가수예요.
<u>Our department</u> **which has a short history** has become a star of our university.		짧은 역사를 지닌 우리 학과가 우리 대학의 스타가 되었다.
<u>The report</u> **that was made by our team** was the best at the forum.		우리 팀이 만든 보고서가 그 포럼에서 최고였다.

14-2 사람을 나타내는 형용사절의 대명사

형용사절 앞의 명사가 사람일 경우에 오는 대명사는 who(소유형태- whose, 목적어형태-whom)이다.

Point
* 형용사절을 앞의 명사가 사람일 경우, 그 뒤의 대명사는 who.
* who의 소유 형태는 whose, 목적어 형태는 whom
  ※ whom은 who와 혼용하기도 함.

I know **a person**.
　The person is famous in this industry.

I know **a person who** is famous in this industry.
[a person = who]

이 업계에서 유명한 한 사람을 알고 있다.

He is **our professor**.
　Our professor's passion is impressive.

He is **our professor whose passion** is impressive.
[our professor's = whose]

그분은 열정이 감동적인 우리 교수님이다.

I have met **the designer**.
　I admire **the designer**.

I have met **the designer whom** I admire.
[the designer = whom]

내가 존경하는 디자이너를 만난 적이 있다.

14-3 사물을 나타내는 형용사절의 대명사

형용사절 앞의 명사가 사물일 경우에 오는 대명사는 which이다.

Point
* 형용사절 앞의 명사가 사물일 경우, 그 뒤의 대명사는 which.
* which 앞에 전치사가 와서 부사가 될 경우에 주의할 것.

Today I visited **the museum** which is famous over the world.

오늘 세계적으로 유명한 박물관에 갔었다.

She brought **a pitiful bird** which got wet in the rain.

그녀는 비에 젖은 가여운 새를 가지고 왔다.

14-4 사람/사물을 모두 나타낼 수 있는 that

형용사절 앞의 사람이나 사물 모두를 대신할 수 있는 대명사가 that이다. 하지만, that은 명사절에서 더 많이 사용되는 경향이 있으므로, 형용사에서는 되도록 who 시리즈 또는 which로 사용하는 것이 바람직하다.

Point
* 형용사절 앞의 명사가 사람이든 사물이든 그 뒤의 대명사는 that으로 가능.
* 되도록 who시리즈나 which로 사용하는 것이 바람직.

Korea has **a time-honored history** that is longer than 5,000 years.		한국은 5,000년도 넘는 유구한 역사를 지니고 있다.
I sent my resume to **the company** that will hire employees.		곧 직원들을 채용할 그 회사에 이력서를 보냈다.

14-5 that만 사용해야 하는 경우

형용사절 앞의 명사가 [사람+사물]인 경우에는 대명사를 that으로만 사용해야 한다.

Point
* 형용사절 앞의 명사가 [사람+사물]인 경우에는 반드시 대명사를 that으로 사용해야 함.

I saw **a policeman and his dog** that were standing on the street.		길에 서있는 경찰관과 그의 개를 보았다.

Practice 25-a [Writing]

481 나는 가끔 수도권에 위치한 산에 등산하러 갑니다.
482 등산객들을 위해 잘 정비된 크고 작은 산들이 많이 있어요.
483 취미가 옥외 활동인 시민들은 서울에서 많은 것을 즐길 수 있어요.
484 외국인들이 즐길 수 있는 곳들이 많이 있어요.
485 서울의 중심을 가로지르는 긴 강이 있어요.

Practice 25-a [Speaking]

486 Q : Do you like to go hiking?
A : I sometimes go hiking to a mountain _____ is located in the metropolitan area.

487 Q : Is there a mountain near your home?
A : There are many small or big mountains _____ are well arranged for hikers.

488 Q : Oh, really? Citizens can enjoy leisure time there, right?
A : The citizens _____ hobby is an outdoor activity can enjoy many things in Seoul.

489 Q : Are there other enjoyable spots?
A : There are many places _____ foreigners can enjoy.

490 Q : I like water sports. Can I enjoy them?
A : There is a long river _____ runs across the center of Seoul.

어휘 도우미

- 등산하러 가다 : go hiking
- 수도권 : metropolitan area
- 등산객 : hiker
- 여가 시간 : leisure time
- 옥외 활동 : outdoor activity

Practice 25-b [Writing]

491 우리 대학에서 공부하고 있는 외국학생이 수백 명 있어요.
492 언어 문제가 있는 학생들을 위해 좋은 시스템을 갖추고 있어요.
493 첫해에는 우리 대학에서 제공하는 정규 한국어과정을 수강해요.
494 우선 자신들이 이해할 수 있는 수업들을 수강하죠.
495 영어로 가르치는 교수들이 좀 있어요.

Practice 25-b [Speaking]

496 Q : Are there many foreign students in your university?
   A : There are hundreds of foreign students _____ are studying at our university.

497 Q : Do they have no trouble in classes?
   A : We have a good system for the students _____ have a language problem.

498 Q : How can they get help?
   A : In the first year, they take a full-time Korean course _____ is provided by our university.

499 Q : Then, do they become fluent in Korean?
   A : First, they take classes (_____) they can understand.

500 Q : Are there some classes provided in English?
   A : There are some professors _____ teach in English.

> **어휘 도우미**
> • 외국인 학생 : foreign students   • 정규 한국어 과정 : full-time Korean course

제2부

제15장
형용사절 II
[Adjective Clause II]

15-1 형용사절 앞의 콤마(,)
15-2 대명사 앞의 전치사와 관계부사
15-3 형용사구로 줄이기
Practice 26

제15장
형용사절 II
[Adjective Clause II]

15-1 형용사절 앞의 콤마(,)

형용사절 앞의 명사와 바로 뒤의 대명사가 일치하지 않을 경우, 형용사절 앞에 콤마(,)를 넣어야 한다. 또한 형용사절을 이끄는 대명사가 앞 문장 전체를 대신할 경우에도 형용사절 앞에 콤마(,)를 넣는다.

Point
- 형용사절을 이끄는 대명사가 바로 앞의 명사를 대신하지 않을 경우, 형용사절 앞에 콤마(,)를 넣음.
- 형용사절을 이끄는 대명사가 앞 문장 전체를 대신하는 경우에도, 형용사절 앞에 콤마(,)를 넣음. 이 경우 대명사는 which만 사용.

He appeared on **a TV show** last night, **which** is very popular in this country.		그분이 어젯밤 이 나라에서 아주 인기 있는 TV쇼에 출연했다.
She passed the exam after studying for one year only, **which** surprised all of us.		그녀는 단 1년 공부한 후 시험에 합격해서, 우리 모두를 놀라게 했다.

15-2 대명사 앞의 전치사와 관계부사

형용사절을 이끄는 대명사 앞에 전치사가 붙어서, 그 전치사와 대명사가 합해져서 부사가 된다.

Point
* 형용사절을 이끄는 대명사 앞에 전치사가 붙어서, [전치사+대명사]의 형태가 되어 부사의 뜻으로 사용되는 경우도 있음.
* [전치사+대명사]가 하나의 부사(where, when..)로 사용되는 경우도 있음.

We went to **the auditorium**.
+ **In the auditorium** there was a music concert.

We went to **the auditorium in which** there was a music concert.
어제 우리는 음악 콘서트가 있었던 강당에 갔었다.

We went to **the auditorium which** there was a music concert **in**.

We went to **the auditorium where** there was a music concert.

I will not forget **the day**.
+ **On the day** I was impressed by your warm heart.

I will not forget the day **on which** I was impressed by your warm heart.
당신의 따뜻한 마음에 감동받았던 그날을 잊지 못할 거예요.

I will not forget the day **when** I was impressed by your warm heart.

15-3 형용사구로 줄이기

형용사절에서 주어(대명사)를 생략하여 구(phrase)로 간단히 만들 수 있는 경우가 있다.

Point

* 형용사절의 대명사가 주어로 사용된 경우, 그 대명사를 생략하고 동사를 현재분사(~ing) 또는 과거분사(~ed)로 만들어 같은 형용사 기능을 하는 구(phrase)로 줄일 수 있음.

There were many people **who were watching** the soccer. There were many people **watching** the soccer game.
그 축구 경기를 보는 사람들이 많이 있었다.

※ (who were)가 생략되고, watching(현재분사)도 형용사 역할을 하므로 형용사절과 같은 기능.

I know a Korean engineer **who works** at a German company. I know a Korean engineer **working** at a German company.
제가 독일 회사에서 일하는 한국 엔지니어 한 분을 알고 있다.

Mr. S. W. Park, **who is** the chairman of Amber Company, met the business partner from the U. S. Mr. Park, **the chairman of Amber Company** met the business partner from the U. S.
주식회사 앰버의 회장인 미스터 박이 미국에서 온 사업 파트너를 만났다.

※ 정체성이 확실한 고유명사 등이 앞에 있을 때 형용사절은 추가설명이 됨. 이때 고유명사 뒤, 형용사절 앞에 콤마(,)를 찍어줌.

※ 이 경우, (who is)를 생략 가능.

The company wants to hire people **who have worked** in this field. The company wants to hire people **having worked** in this field.
그 회사는 이 분야에서 일해 본 사람들을 채용하고자 한다.

※ 주된 절과 시제가 다른 경우 동사의 형태를 다르게 해야 함.

Practice 26-a [Writing]

501 그 작가가 쓴 모든 책을 다 읽었어요.
502 그분은 아주 유명한데도 부자가 아닌데, 그것이 출판사들이 충분한 인세를 지불하지 않는다는 걸 보여주는 거죠.
503 정확히는 모르겠지만, 여러 작가들에 대해 거의 같은 인세율이 적용되는 것 같은데, 그것은 바뀌어야 해요.
504 저는 대학의 영어 교재 집필자인데, 보통 맞춤화된 책들을 개발합니다.
505 책 저자들이 보다 많이 보상받을 수 있는 다른 방법으로 출판할 것을 고려하고 있어요.

Practice 26-a [Speaking]

506 Q : Have you read this book?
　　A : I have read all the books (_____) written by that writer.
507 Q : Is he a famous writer?
　　A : He is very famous but not rich, _____ shows that publishing companies don't pay enough royalty.
508 Q : How much do they pay to writers?
　　A : I don't know exactly, but the almost same royalty rate seems to be applied to different writers, _____ should be changed.
509 Q : Are you a writer also?
　　A : I am a writer of English textbooks for colleges, _____ usually develops customized books.
510 Q : Why don't you publish them in another country?
　　A : I'm considering publishing in another way _____ book writers can be rewarded more.

> **어휘 도우미**
> • 출판사 : publishing company　　• 인세 : royalty　　• 보상하다 : reward

Practice 26-b [Writing]

511 간단히 말해서, 우리는 자동차용 지능형 컴퓨터를 만드는데, 그것은 마치 인간의 두뇌와 같아요.
512 달리 말해서, 우리는 자동차용 컴퓨터 설계하는 방법을 배우는데, 그것이 자동차들의 모든 기능을 제어하는 거예요.
513 인간공학은 자동차부품 3D 설계 전공에 포함되어 있는데, 그것은 과정의 몇 개 과목 중 하나죠.
514 실험실에 전기차가 있는데, 이것을 가지고 모의실험을 할 수 있어요.
515 모든 프로그램이 완벽해서, 우리가 만족하고 있어요.

Practice 26-b [Speaking]

516 Q : What do you learn in the Embeded System major course?
　　A : In short, we make the intelligent computer for automobiles, _____ is like the brain of humans.
517 Q : Can you tell me in detail?
　　A : In other words, we learn how to design the computer for automobiles, _____ controls every function.
518 Q : Do you learn ergonomics also?
　　A : Ergonomics is included in the Auto Parts 3D Design major, _____ is one of several subjects in the course.
519 Q : How are your facilities?
　　A : We have an electric car in our lab, _____ we can have simulation tests.
520 Q : Your major courses will be a model for other universities, aren't they?
　　A : All the programs are perfect, _____ we are satisfied.

> **어휘 도우미**
> - 지능형 컴퓨터 : intelligent computer (*여기서 발명품으로 간주하여 앞에 the 붙임)
> - 인간공학 : ergonomics   • 모의실험 : simulation test

제2부

제16장
문장 전체의 상황을 말해주는 부사절
[Adverb Clause]

16-1 부사절의 기능과 위치
16-2 때를 나타내는 부사절
16-3 조건을 나타내는 부사절
16-4 이유를 나타내는 부사절
16-5 반대 상황을 나타내는 부사절
Practice 27

제16장
문장 전체의 상황을 말해주는
부사절
[Adverb Clause]

16-1 부사절의 기능과 위치

보통 부사의 기능은 동사나 형용사, 다른 부사 또는 문장 전체를 돕는 역할을 하는데, 부사절은 일반적으로 문장 전체를 돕는다. 부사절의 위치는 일반적으로 주된 절의 앞이나 뒤에 오지만, 중간에 삽입될 경우도 있다.

Point

* 부사절은 주된 문장의 때(time), 조건, 원인, 반대상황 등을 나타냄.
* 부사절을 이끄는 것은 의문사(접속사 역할), 접속사 또는 기타 연결어.
* 때와 조건을 나타내는 부사절에서는 미래상황이라도 현재 시제 사용.
* 조건을 나타내는 부사절은 동사의 특별한 변화가 있음.
* 부사절이 앞에 올 때는 콤마(,)를 찍어주고 주된 절을 가지고 옴.
* 상반되는 상황일 경우에는, 부사절이 앞에 오든 뒤에 오든 콤마(,)를 찍어줌.

When you leave for the airport, don't forget to take your passport. = Don't forget to take your passport **when you leave for the airport.**

공항으로 떠날 때는 여권 가지고 가는 걸 잊지 마세요.

If he comes here tomorrow, I will tell him this story. = I will tell him this story **if he comes here tomorrow.**

그분이 내일 이곳에 오시면 제가 이 얘기 해드릴게요.

| While he is lazy, his elder brother is diligent. | | His brother is diligent, while he is lazy. |

그는 게으르지만, 그의 형은 근면해요.

16-2 때를 나타내는 부사절

주된 문장이 이루어진 때(time)를 나타내며, 여러 가지 접속사 및 연결어들이 사용된다.

때(time)를 나타내는 부사절 연결어:
after, before, as, as soon as, as long as, since, till, until, when, while ...

| Before I graduate, I will get some licenses required to be employed. | | 졸업하기 전에, 취업에 필요한 몇 개 면허를 취득할 거예요. |

※ 미래의 상황이지만, 현재 시제 사용

| Since I entered our university, I have been busy. | | 대학에 입학한 이후, 계속 바쁘게 지내왔어요. |

| We will send the data to you as soon as we get them. | | 입수하는 대로 데이터를 보내드리겠습니다. |

16-3 조건을 나타내는 부사절

주된 문장이 이루어지는 조건(condition)을 나타내며, 접속사 및 연결어들이 사용된다.

Point

* 부조건(condition)을 나타내는 부사절 연결어:
  if, whether, even if, only if, in case that, in the case that, in the event that ...
* 조건절은 동사의 변화를 따로 익혀두어야 함. (제 17장 참조)

If he were with us now, we would be happier.		그가 지금 우리와 함께 있다면, 우리가 더 행복할 텐데.
The company will be more prosperous **if they get support from the government**.		그 회사는 정부에서 지원을 받으면 더욱 번창할 것이다.

16-4 이유를 나타내는 부사절

주된 문장의 이유를 나타내며, 접속사 및 연결어들이 사용된다.

Point

* 이유를 나타내는 부사절 연결어:
  as, because, now that, since

We could complete our task **because our teamwork was done well**.		우리의 팀워크가 잘 되어서 우리의 작업을 완수할 수 있었어요.
Now that he is in army, he cannot join our group.		지금 그는 군대에 있기 때문에, 우리 그룹에 합류할 수가 없어요.

16-5 반대 상황을 나타내는 부사절

주된 문장과 부합되지 않거나, 상반되는 상황을 나타내며, 접속사 및 연결어들이 사용된다.

Point

* 반대 상황을 나타내는 부사절 연결어:
  - 예상과 다른 상황 : although, even though, though,
  - 상반되는 상황 : while, whereas

Although we did our best for the bid, we didn't get awarded.		우리가 그 입찰을 위해 최선을 다했지만, 낙찰 받지 못했어요.
While we have poor resources, they have abundant		우리는 빈약한 자원을 가진 반면, 그들은 풍부한 자원을 가지고 있어요.

Practice 27-a [Writing]

521 오염된 공기가 건강에 안 좋아서 그곳에서 살고 싶진 않아요.

522 생활의 편리함을 향유할 수 있다 해도, 건강이 저에겐 더 중요해요.

523 신문에서 어떤 기사를 읽은 이후, 시골에서의 삶을 생각해왔어요.

524 드론, 자율주행차, 기타 지능형 장비들이 우리의 삶을 도와줄 거니까 문제가 없을 겁니다.

525 심도 있게 공부한 후에, 그런 지역에서 사업을 시작할 거예요.

Practice 27-a [Speaking]

526 Q : Do you want to live in an urban area in the future?
A : I don't want to live there _____ polluted air is bad for health.

527 Q : But, every system is more convenient, isn't it?
A : _____ I can enjoy convenience of life, health is more important for me.

528 Q : Are there job opportunities in rural areas?
A : _____ I read an article on the newspaper, I have thought of my life in a rural area.

529 Q : Can you accept inconvenience in life?
A : There will be no problem _____ drone, self-driving cars and other intelligent equipment will help our life.

530 Q : When will you go there?
A : _____ I study in depth, I will start up my business in such an area.

어휘 도우미

- 도회지 : urban area
- 자율주행 자동차 : self-driving car
- 오염된 공기 : polluted air
- 지능형 장비 : intelligent equipment

Practice 27-b [Writing]

531 환경 운동가들이 많은 노력을 기울임에도, 사람들 의식이 부족해요.

532 완전 동의해요. 편의를 먼저 생각하니까 자원을 낭비하죠.

533 정말 심각하죠. 또 공장과 자동차가 각국에서 늘어나서 공기도 점점 나빠지고 있잖아요.

534 정부가 업계를 지원해주면, 급속히 성장할 거예요.

535 우리가 대체자원을 개발하는 대로 화석 연료는 제거되어야죠.

Practice 27-b [Speaking]

536 Q : How can we keep the global environment?
　　A : _____ environmental activists make much effort, people have lack of consciousness.

537 Q : Most people know its seriousness, but they need to be more active to conserve the environment. Do you agree?
　　A : I fully agree. They waste resources _____ they think convenience first.

538 Q : We should avoid using disposable products. Isn't it serious?
　　A : It's really serious. Also, the air is getting worse _____ factories and automobiles have increased in each country.

539 Q : Why is the electric car market going on so slowly?
　　A : _____ the government supports the industry, it will grow rapidly.

540 Q : Electric cars will contribute to improving air pollution. What is your idea?
　　A : Fossil fuels should be removed _____ we develop alternative resources.

어휘 도우미

- 지구 환경 : global environment
- 환경 운동가 : environmental activist
- 1회용 제품 : disposable product
- 화석 연료 : fossil fuel
- 대체 자원 : alternative resource

제2부

제17장
조건 부사절
[가정법]
[Conditional Clause]

17-1 동사의 특별한 변화
17-2 주된 절과 조건절의 시점 차이
Practice 28

제17장
조건 부사절 [가정법]
[Conditional Clause]

17-1 동사의 특별한 변화

조건을 나타내는 부사절은 대부분 if/whether로 시작하는데, 이 절이 문장에 있는 경우, 조건절과 주된 절의 동사가 특별한 형태로 사용되므로 충분한 연습이 필요하다.

상황	If절	주된 절
현재/미래 가능한 일	현재 시제	상황에 맞는 시제
현재/미래 불가능 또는 사실과 다른 일	과거 시제	would+동사 기본형
과거 사실과 다른 일	과거완료 시제	would have+동사 과거분사

If I make a creative product, I will be able to make much money. 내가 창의적인 제품은 만들면, 돈을 많이 벌 수 있을 거야.

※ 미래의 가능한 상황이므로, if절이 현재 기본 시제.

If I were the minister of education, our education system would be innovative. 내가 교육부 장관이라면, 우리 교육 시스템이 혁신적일 텐데.

※ 현재의 사실이 아닌 상황이므로, if절이 과거 기본 시제, 주된 절은 would+동사 기본형.

If you had been at the party, it would have been much more exciting. 네가 파티에 있었다면, 훨씬 더 신났을 거야.

※ 과거의 사실이 아닌 상황이므로, if절이 과거완료 시제, 주된 절은 would have+동사 과거분사.

17-2 주된 절과 조건절의 시점 차이

조건절과 주된 절의 시점이 다른 경우, 각각의 상황에 맞게 동사를 사용해야 한다.

If they had not applied the population control policy, they would have a serious senior welfare problem. 그들이 인구 억제 정책을 적용하지 않았다면, 지금 노인복지 문제가 심각할 텐데.

※ If절은 과거 상황, 주된 절은 현재 상황.

If you were not my friend, I would not have helped you. 네가 내 친구가 아니라면, 널 돕지 않았겠지.

※ If절은 현재 상황, 주된 절은 과거 상황.

Practice 28-a [Writing]

541 우리 생활에 적용된다면, 초기에는 우리가 혼란스러워질 거예요.
542 내가 과학자나 엔지니어라면, 많은 것들을 개발할 텐데.
543 시간이 허락한다면, 새로운 학습 시스템을 개발하고 싶어요.
544 학교에 다니든 안 다니든 학생들이 공부할 수 있도록 해줄 겁니다.
545 가능하다면, 우리가 교육 분야에서도 다가오는 기술 혁명에 대비해야죠.

Practice 28-a [Speaking]

546 Q : A flying car was only in our imagination in the past, wasn't it?
　　A : If it ___ applied to our life, we _____ confused at the beginning. [be, get]

547 Q : Almost all of science fiction are coming to our reality. Aren't you afraid of it?
　　A : If I _____ a scientist or an engineer, I _____ many things. [develop]

548 Q : What would you like to develop?
　　A : If time _____, I would like to develop a new learning system. [allow]

549 Q : What will it be different from the existing systems?
　　A : It will allow students to study whether or not they _____ a school. [attend]

550 Q : Do you mean we need to change our school system?
　　A : If it _____ possible, we have to prepare for the coming technical revolution also in the education field. [be]

어휘 도우미
- 날아다니는 자동차 : flying car
- 공상과학 : science fiction
- 기술혁명 : technical revolution

Practice 28-b [Writing]

551 날씨가 나쁘더라도, 정시에 시작할 거예요.

552 마음이 편치 않으면, 되도록 빨리 회원들에게 연락하세요.

553 어떤 회원이 참석하지 못하는 경우에는, 어떻게 할까요?

554 우리가 그들의 협력업체가 아니라면, 그것에 대해 생각할 필요도 없겠죠.

555 그들이 우리를 돕지 않았다면, 우리가 생존하지 못했을 거예요.

Practice 28-b [Speaking]

556 Q : What time will we start the meeting?
A : Even if the weather _____ bad, we will start on time. [be]

557 Q : But tomorrow we will have traffic congestion. What about postponing the time to 1:00 p.m.?
A : If you _____ uncomfortable, please call the members as soon as possible. [feel]

558 Q : I will contact every member now.
A : If any member _____ attend it, what shall we do? [be able to]

559 Q : At the meeting, do we have to decide to work with them?
A : If we _____ not their vendor, we would not need to think of it. [be]

560 Q : Also they supported when we started up, aren't they?
A : If they _____ us, we _____. [help, survive]

어휘 도우미
- 교통 혼잡 : traffic congestion
- 협력업체 : vendor

제2부

제18장

부사절 ⇒ 부사구로 줄이기 [분사구문]
[Participial Construction]

18-1 간결한 분사구문 만들기
18-2 분사구문의 시제
18-3 수동태 분사구문
Practice 29

제18장
부사절 ⇒ 부사구로 줄이기 [분사구문]
[Participial Construction]

부사절의 주어와 주된 절의 주어가 같을 때, 주어를 두 번 겹쳐 사용하게 되므로, 이것을 주된 절에서만 사용함으로써 부사절을 부사구(adverbial phrase)로 간결하게 만드는 규칙이다.

Point

* 부사절 ⇒ 부사구로 변화
* 부사절의 동사를 분사(현재분사, 수동태일 때 being 과거분사)로 만들고, 앞의 접속사가 없어도 정확하게 의미가 전달될 때는 접속사도 생략.
* 부사절의 주어와 주된 절의 주어가 같을 경우에만 적용.
* 부사절과 주된 절의 시제가 다른 경우, 부사절의 시제를 주의해야 함.

18-1 간결한 분사구문 만들기

부사절 ⇒ 부사구로 만드는 순서는 다음과 같다.

1) 부사절의 주어와 주된 절의 주어가 같은지 확인한다.
2) 부사절의 주어를 생략하고 동사를 분사로 만든다.
3) 두 절의 시제가 같으면 동사에 ~ing를 붙여 현재분사로 만든다.
4) 동사의 형태가 수동태일 경우에는 be동사에 ~ing를 붙인다.
5) 두 절의 시제가 다를 경우에는 18-2절을 참조한다.
6) 맨 앞의 접속사를 그대로 두거나 생략해도 의미 전달이 정확할 때는 생략한다.

While I work at my company, I feel happy. **While working at my company**, I feel happy.

회사에서 일하는 동안, 나는 행복하다.

※ while이 없어도 무방하지만, when 등의 다른 접속사가 있었을 가능성도 있으므로, while을 그대로 둠.

Because Korean foods have well-balanced nutrition, they are very good for health. **Having well-balanced nutrition**, Korean foods are very good for health.

영양이 잘 균형 잡혀 있어서, 한국 음식은 건강에 아주 좋다.

※ 여기서 부사절의 주어를 삭제하면, 주어가 무엇인지 알 수 없게 되어, 부사절의 주어를 주된 절의 주어로 만든 것임.

18-2 분사구문의 시제

부사절과 주된 절의 시제가 다를 때는 대부분 부사절의 시제가 더 먼저 일어난 일일 경우가 많다.

* 부사절이 주된 절보다 먼저 일어난 상황일 경우, 부사절이 원래 완료시제인 경우, [having+과거분사]로 표현한다.
* 같은 상황에서 부사절이 수동태인 경우, [having been+과거분사]가 됨.

| Because this country had a war not long ago, it has needed extra-ordinary efforts to become an advanced country. | | Having had a war not long ago, this country has needed extra-ordinary efforts to become an advanced country. |

전쟁을 겪은지 얼마 안 되었기 때문에, 이 나라는 선진국이 되기 위해서 특별한 노력이 필요했다.

※ 여기서 부사절의 시제는 과거, 주된 절의 시제는 현재완료이므로, 분사구문의 시제는 having had로 하여, 주된 절의 시제보다 먼저 일어난 일임을 표현.

18-3 수동태 분사구문

부사절이 수동태일 경우, 분사구문도 수동태임을 표현한다.
주된 절과 시제가 같은 때는 [being+과거분사], 부사절이 먼저 일어난 일이거나 완료시제인 경우에는 [having been+과거분사]로 표현한다.

* 수동태 분사구문
  - 부사절이 주된 절과 시제가 같은 경우 : [being+과거분사]
  - 부사절이 먼저 일어난 또는 원래 완료시제일 경우 : [having been+과거분사]

| As it is used for farming and gardening, Homi is very popular among people. | | Being used for farming and gardening, Homi is very popular among people. |

농사일과 정원일에 사용됨에 따라, 호미가 사람들 사이에서 아주 인기 있어요.

| Because the car was bumped by a truck, it needs repairing. | | Having been bumped by a truck, the car needs repairing. |

트럭에 받혔기 때문에, 그 차 수리해야 해요.

Practice 29-a [Writing]

561 구성원이 4명밖에 없어서, 더 필요하긴 해요.

562 지난번에 과제를 같이 했기 때문에, 그녀가 총명하고 친절하다는 거 알고 있어요.

563 몇몇 친구와 같은 수업을 들었기 때문에, 민호가 아주 활동적이라는 걸 알고 있어요.

564 전에 거절당한 적이 있어서, 전화하기가 좀 그렇긴 하네요.

565 둘 다 내가 전화해볼게요. Jacy와 먼저 확인해보고, 민호에게 전화해볼게요.

Practice 29-a [Speaking]

566 Q : Let's talk about the team project to do in the coming vacation. How shall we organize our team?
A : _____ four members only, we need more. [have]

567 Q : What about inviting Jacy?
A : _____ the assignment with her last time, I knew her smart and kind. [do]

568 Q : If her time is not available, do you have another in your mind?
A : _____ the same class with a few friends, I know Minho very active. [take]

569 Q : I will call Jacy first. Can you call Minho?
A : _____ before, I'm afraid of calling him. [reject]

570 Q : Then, will you call Jacy?
A : I will call both of them. After _____ with Jacy first, I will call Minho. [check]

> **어휘 도우미**
> • 조직을 구성하다 : organize　　• 과제 : assignment

Practice 29-b [Writing]

571 오후에 여행 떠나기 전에 그곳에 들를게.

572 수업이 두 개나 있어서, 제한적인 시간 밖에 없어.

573 아이디어가 있어. 내가 룸메이트에게 물어보고 나서 알려줄게.

574 그럴 거야. 저번에 내 생일 파티 했을 때 그 애의 손재주에 놀랐어.

575 그러길 바라. 어쨌든 오전 일정 끝내는 대로 너희들에게 갈게.

Practice 29-b [Speaking]

576 Q : We are going to have a cultural festival on the coming Friday. Will you be there?
　　A : Before _____ for travel in the afternoon, I will drop in there.　　　　[leave]

577 Q : Can you help us to prepare for the event in the morning?
　　A : _____ two classes, I will have limited time only.　　　　[have]

578 Q : We really need some help. How can we get it?
　　A : I have an idea. I will let you know after _____ my roommate.　　　　[ask]

579 Q : Is she good at packaging some gift items?
　　A : I think so. When _____ my birthday party last time, I was surprised at her hand skill.　　　　[have]

580 Q : If she can help us, we don't worry.
　　A : I hope so. Anyhow, I will come to you as soon as _____ my morning schedule.　　　　[finish]

어휘 도우미

- 문화 축제 : cultural festival
- 손재주 : hand skill

제2부

제19장
어법 조절 - 조동사
[Modal]

19-1 조동사가 왜 중요할까?
19-2 Should/Have to/Must의 차이
19-3 태도와 강도의 차이
19-4 조동사의 종류와 적용
Exercise 30

제19장
어법 조절 - 조동사
[Modal]

조동사(Helping Verbs)란 동사 앞에서 동사의 의미, 강도, 예절 등을 미세하게 도와주는 동사들로서 어법을 조절한다.

19-1 조동사가 왜 중요할까?

각각의 조동사는 두 가지 이상의 의미와 용도를 가지며, 문장의 의도와 뉘앙스에 맞게 사용해야 한다. 흐릿하게 아는 상황에서 잘못 사용하면 아주 심각한 결과가 올 수 있으므로 세심하고 정확하게 익혀두어야 한다.

Point

* 동사의 앞에 위치.
* 각각의 조동사가 두 가지 이상의 의미/용도를 가짐.
* 동사의 의미, 뉘앙스, 강도, 예절 등을 미세하게 조정.
* 특정 양식에서 사용되지 않는 조동사 등을 익혀야 함.

19-2　Should/Have to/Must의 차이

가장 많이 사용되는 조동사 중 "~해야 한다"의 뜻으로 이들 중 아무 것이나 선택해서는 곤란할 때가 있다. 정확한 용도는 다음과 같다.

조동사	적용	비고
should	가볍게 권하는 의미.	
had better	하지 않으면 나쁜 일을 초래할 거라는 의미.	구어체에서만 사용.
have to	해야 하는 상황을 평범하게 표현.	
have got to	have to와 동일.	구어체에서만 사용.
must	강한 의무를 나타냄.	일상에서 흔히 사용되지 않음.

To get the certificate, you **should** study harder. 그 인증서 취득하려면, 더 열심히 공부해야 할 거야.

You **had better** have meals on a regular basis. Otherwise, your health may get bad. 규칙적으로 식사를 해야지. 그렇지 않으면 건강이 나빠질 수 있지.

I **have to** finish this work no later than tomorrow. 내일까지는 이 작업을 끝내야 해.

I'**ve got to** go home to cook for my family. 가족들 식사 준비해주러 집에 가야 해.

※ 실생활에서 I've gotta go로 많이 사용함

You **must** always take a gun. This is a battle field. 총을 항상 소지해야 한다. 이곳은 전쟁터이다.

19-3 태도와 강도의 차이

어떤 조동사를 사용하느냐에 따라 태도가 겸손하거나 거칠게 느껴지고, 말의 강도가 달라지기도 한다.

비교 (1)

Ladies and gentlemen!
You **may** go out after finishing what you are doing.

신사 숙녀 여러분! 지금 하시는 것을 끝내시면 나가도 좋습니다.

성인들을 상대로 예의를 갖춤.

Hi, children!
You **can** go out after finishing what you are doing.

자, 어린이들! 지금 하는 것을 끝내면 나가도 돼요.

어린이들이어서 편한 어투 사용.

비교 (2)

It **may** rain tomorrow.
내일 비가 올지도 몰라요.

확신하는 정도가 낮음.

It **must** rain tomorrow.
내일 틀림없이 비가 올 거예요.

확신하는 정도가 높음.

19-4 조동사의 종류와 적용

조동사	적용	현재/미래 상황	과거 상황
be able to	능력	I am able to cook. I will be able to cook.	I was able to cook.
can	능력/가능성	I can walk.	I could walk.
	허락(대화)	You can go.	
	부탁(대화)	Can I use this?	
	불가능	It can't be false.	It can't have been false.
could	능력(과거)		I could walk.
	공손한 부탁	Could I use this?	
	건의	You could talk to him.	You could have talked him.
	낮은 확신도	She could be there.	She could have been there.
	불가능	It couldn't be false.	It couldn't have been false.
be going to	높은 확신도	He's going to come.	
	계획	I'm going to call him.	
	불이행		I was going to do that.
will	높은 확신도	He will come.	
	의지 표현	I'll help you.	
	공손한 부탁	Will you help me?	
would	공손한 부탁	Would you help me? Would you mind if I went now?	
	선호 표현	I would rather stay here.	I would rather have stayed here.
	과거 습관		In my school days, I would read books every night.
	like의 공손한 표현	I would like to meet them.	
	이루어지지 않은 바람.		I would have wanted to go there, but there's no way.

조동사	적용	현재/미래 상황	과거 상황
may	공손한 부탁	May I take this?	
	공식적 표현 (허락)	You may go early.	
	낮은 확신도	He may be sick.	He may have been sick.
might	낮은 확신도	He might be sick.	He might have been sick.
be supposed to	예상	The meeting is supposed to start at 10a.m.	
	이루어지지 않은 상황		The meeting was supposed to start at 10 a.m., but it was not held.
have to	해야 한다	We have to go.	I had to go.
	필요 없다	We don't have to go.	I didn't have to go.
have got to	해야 한다 (구어체)	I have got to go.	(I had to go.)
had better	해야 한다 (구어체)	I had better not go.	
must	강한 의무	You must do it.	
	높은 확신도	She must be sick.	She must have been sick.
	금지 (부정문)	You must not break it.	
shall	공손한 질문	Shall I open the door?	
	청유	Shall we go?	
	의무 (법률)	The company shall pay this amount.	
should	권고	You should study hard.	You should have studied yesterday.
	높은 확신도	You should do well on the exam tomorrow.	You should have done well on the exam yesterday.
ought to	should와 동일	should와 동일	should와 동일
used to	과거 습관		I used to read books every night in high school days.
	과거에는 했으나, 현재는 하지 않음.		I used to meet him, but I don't know where he is.

Practice 30-a [Writing]

581 아침 9시경에 그곳에 도착할 예정이에요.

582 프레젠테이션을 해야 하거든요.

583 오, 고마워요. 원고 가져올게요.

584 "우선 우리 연구팀을 소개하겠습니다."

585 알겠어요. 여러 번 연습해야겠네요.

Practice 30-a [Speaking]

586 Q : What time will you go to the forum?
   A : I _____ arrive there around 9 a.m.

587 Q : Why are you going so early?
   A : I _____ make a presentation.

588 Q : Really? Can I help you for your practice?
   A : Oh, thank you. I _____ bring my script.

589 Q : Well, let's start. I will press a stop watch.
   A : "First, I _____ introduce our research team."

590 Q : Wait a moment. Your voice and facial expression should be brighter.
   A : I see. I _____ practice many times.

어휘 도우미

- 얼굴 표정 : facial expression

Practice 30-b [Writing]

591 대단히 행복하지만, 지금보다 더 열심히 공부해야겠어요.

592 테크니컬 라이터로서 실습 기회를 가질 수 있었으니까요.

593 이 프로그램은 저와 학교 친구들에게 분명히 동기 부여를 해주었을 겁니다.

594 우리를 위해 이 프로그램을 준비해주신 데 대해 '감사하다'고 말하고 싶습니다.

595 세계적인 디자이너가 되기 위해 영어 실력을 향상시킬 겁니다

Practice 30-b [Speaking]

596 Q : Our training course has been completed. We like to hear from you what you feel now.

　　A : I feel very happy but I _____ study harder than now.

597 Q : What made you feel happy?

　　A : I _____ have a chance of practice as a technical writer.

598 Q : Is something different from studying at your university?

　　A : This program _____ have motivated me and my classmates.

599 Q : Would you like to say anything else to us?

　　A : I _____ say 'Thank you' for preparing this program for us.

600 Q : What is your plan after returning?

　　A : I _____ improve my English ability to become a world-class designer.

어휘 도우미
- 원천 회사 : source company
- 세계적인 디자이너 : world-class designer

제2부

제20장
기 타
[Miscellaneous]

20-1 Wish와 Hope
20-2 연결동사 [Linking Verb]
20-3 요구상황의 명사절 [Subjunctive]
20-4 형용사절과 혼동되는 명사절
20-5 Only로 시작되는 문장

제20장
기 타
[Miscellaneous]

20-1 Wish와 Hope

Wish와 Hope의 의미와 적용은 다음과 같이 다르다.

	Wish
의미	바라다, 원하다, 빌다 (hope보다는 좀 더 깊은 의미로 사용)
적용/문법	* 미래의 상황을 기원하거나, 현재의 상황이 바뀌길 원할 때 wish 다음의 명사절에는 would를 수반함. I **wish** (that) you **would** make success. ▶ 성공하길 빕니다. I **wish** he **would** open his secret. ▶ 그가 비밀을 공개하면 좋을 텐데. * 직접 목적어가 올 수도 있음. I **wish** you a merry Christmas. We **wish** your prosperity. I **wish** you to come.

Hope	
의미	바라다, 희망하다 (wish보다 얕은 의미)
적용/문법	*** 미래의 상황을 희망하는 의미.** I **hope** you will come. ▸ 와 주시길 바랍니다. I **hope** to see you again. ▸ 다시 만나길 바랍니다. *** I hope you to come. [X]** want나 wish와 달리 hope는 이 형태로 사용되지 않음.

20-2 연결동사 [Linking Verb]

동사 뒤에 형용사가 와서 주어를 설명해주게 되는 동사를 연결동사(Linking Verb)라고 한다.

Linking Verbs	
smell, taste, feel	It **smells bad**. The dish **tastes good**. I **feel happy**.
look, appear, seem	You **look young**. The test **appears difficult**. You **seem tired**.
become (get, turn -되다)	He **has become healthy**.

20-3 요구상황의 명사절 [Subjunctive]

that으로 시작하는 명사절의 상황이 요구되는 경우, 명사절의 should를 생략하여 표현하기도 한다. 그러므로 주어 다음에 무조건 동사의 기본형이 오게 된다. (미국식 영어에서 보다 흔히 볼 수 있음.)

	Subjunctive Verb
He requested that~ They require that~ She insisted that~	We claimed that he (should) **pay** the amount.
It is essential that~ It is important that~ It is critical that~ It is necessary that~	It is important that she (should) **consider** this situation.

We claimed that **he should pay** the amount.
= We claimed **he pay** the amount.

It is important that **she should consider** this situation.
= It is important that **she consider** this situation.

20-4 형용사절과 혼동되는 명사절

한국어의 표현이 형용사절로 혼동하기 쉽게 만드는 명사절이 있다.

The fact that he didn't commit the crime was proved by the witnesses. 그 사람이 그 범죄를 저지르지 않았다는 사실이 증인들에 의해서 입증되었다.

* 여기서, the fact = that he didn't commit the crime
* that절은 the fact 자체를 다시 말해주는 명사절.
  that은 명사절을 이끄는 접속사이므로, 형용사절을 이끄는 which를 사용할 수 없음.

20-5 Only로 시작되는 문장

문장이 only로 시작되는 경우, 문장의 주어와 동사의 위치가 바뀌어 의문문의 형태처럼 된다.

| **Only** in my university **can the students** learn such programs. | | The students can learn such programs only in my university. |

우리 대학에서만 학생들이 그러한 프로그램들을 배울 수 있다.

| **Only if** it snows will we go skiing. | | We will go skiing only if it snows. |

눈이 오는 경우에만 스키 타러 갈 거예요.

* 여기서, only로 시작되어, 주된 절의 주어와 동사 위치가 바뀌어 있음.
* 부사구나 부사절이 먼저 온 경우임에도, 주된 절 앞에 콤마(,)가 없음.

부록

Answer Keys
[Writing의 문장 = Speaking 질문에 대한 대답]

Practice 01-a [Writing]

001 **우리 회사는** 서울 도심에 **있어요**.
Our company is located in downtown of Seoul.

002 인천공항에서 차로 1시간 **걸려요**.
It takes one hour from Incheon International Airport by car.

003 여러 가지 이유로 이 회사를 **선택했어요**.
I **chose** this company for several reasons.

004 훌륭한 복지제도를 **제공하거든요**.
It provides an excellent welfare benefit system.

005 **출산 휴가 제도도** 그 중 하나**예요**.
The maternity leave system is one of them.
Its maternity leave system is one of them.

Practice 01-b [Writing]

011 **나의 전공은** 교육공학**입니다**.
My major is educational technology.
I major in educational technology.

012 유망한 학문(discipline, study)**이죠**.
It is a promising discipline.

013 **나의 직업 목표는** 글로벌 기업에서 일하는 것**이에요**.
My career goal is to work at a global company.

014 물론 한국에도 **글로벌 기업들이 많죠**.
Of course, **there are many global companies** also in Korea.

015 앞선 교육 시스템을 **설계할 거예요**.
I will design advanced education systems.

Practice 02-a [Writing]

021 베트남에 몇 번 **가본 적이 있어요**.
I **have been** to Vietnam several times.

022 우리 사촌이 하노이에서 **살고 있어요**.
My cousin **is living** in Hanoi.

023 2년째 한국어 학교에서 **일하고 있답니다**.
He **has been working** at a Korean language school for two years.

024 수백 명의 학생들이 이 학교에 **다녀요**.
Hundreds of students **attend** it.

025 그들 중 일부는 한국어능력인증시험을 **준비해요**.
Some of them **prepare** for TOPIK.

Practice 02-b [Writing]

031 나는 대학에서 자원봉사 동아리 회원**이에요**.
I **am** a member of volunteer club at university.

032 3년간 여러 가지 활동을 **했어요**.
I **have done (have been doing)** a variety of activities for 3 years.

033 매월 다문화가정에 방문합니다.
I **visit** multi-cultural families every month.

034 그 가정들의 자녀들에게 한국어를 **가르치기도 했죠**.
I **have taught** Korean to their children.

035 가끔은 문화 지도사나 상담자가 **되기도 한답니다**.
Sometimes I **become** a culture guide or counsellor.

Practice 03-a [Writing]

041 지난주에 인도네시아에 **출장 갔었어요**.
I **went** on a business trip to Indonesia last week.

042 자카르타에 있는 5성 호텔에서 **묵었어요**.
I **stayed** at a 5-star hotel in Jakarta.

043 그곳에서 인도네시아 정부가 컨퍼런스를 **개최하고 있었거든요**.
The Indonesian government **was holding** a conference there.

044 제가 우리 연구원의 대표로 프레젠테이션을 **했어요**.
I **made** a presentation as the representative of our institute.

045 참석자들로부터 좋은 호응을 **얻었습니다**.
I **got** a good response from the attendees.

Practice 03-b [Writing]

051 몇 주 전에 나는 제주도를 **방문했어요**.
I **visited** Jeju a few weeks ago.

052 제주공항에서는 직장동료가 **기다리고 있었어요**.
My coworker **was waiting** for me at the airport.

053 한 호텔에서 스마트 시티에 관한 포럼이 **있었어요**.
There was a forum on Smart City at a hotel.

054 주최 측에서 각 분야의 많은 전문가들을 **초청하였습니다**.
The organizer **invited** many experts of diverse fields.

055 그들의 발표내용은 주로 첨단 기술에 관한 것**이었어요**.
Their presentations **were** mainly about high technologies.

Practice 04-a [Writing]

061 우리는 온라인 설계 학교를 **세울 겁니다**.
We **are going to establish** an online design school.

062 이것을 통해서 자동차 설계를 **가르칠 거예요**.
We **will teach** automative design through this.

063 여러 나라에 분교도 **오픈할 겁니다**.
We **will open** our branch schools in many countries.

064 이것을 몇몇 대학들의 웹사이트들과도 **연결시킬 예정이에요**.
We **will link** it with the web sites of several colleges.

065 10년 후에는 세계적인 온라인 설계학교가 **되었을 걸요**.
After 10 years, it **will have become** a world-class online design school.

Practice 04-b [Writing]

071 2년 후 나는 산타 클라라에서 **살고 있을 겁니다**.
I **will be living** in Santa Clara after two years.

072 졸업 후에 실리콘 밸리의 한 회사에 **갈 거예요**.
I **will go** to a company in Silicon Valley after graduating.

073 그 회사의 인턴쉽 프로그램을 **이수할 예정입니다**.
I **will take** an internship program of the company.

074 CATIA 인증서를 가지고 있어서 **가능할 거예요**.
It **will be** possible because I have a CATIA certificate.

075 30대에 나는 유명한 자동차 디자이너가 **되었을 걸요**.
In my thirties, I **will have become** a famous automotive designer

Practice 05-a [Writing]

081 그는 30년의 경험을 **가지고 있어요**.
　　He **has** 30 years of experience.

082 아직도 이 업계의 많은 사람들이 그를 **기억하고 있죠**.
　　Still, many people in the industry **remember** him.

083 그를 10년 전부터 **알고 지내고 있어요**.
　　I **have known** him since 10 years ago.

084 그는 현재 일할 회사를 **찾고 있답니다**.
　　He **is seeking** for a job now.

085 경기 침체로 인해 어려움을 **겪고 있어요**.
　　He **is having** difficulty due to economic recession.

Practice 05-b [Writing]

091 우리 대학은 셀프 서비스 식당을 **가지고 있어요**.
　　Our university **has** a cafeteria.

092 저와 학교 친구들이 이곳을 **운영하고 있어요**.
　　I and my schoolmates **are running** it.

093 오늘은 와인 시음행사를 **하고 있어요**.
　　We **are having** a wine tasting event today.

094 우리는 이러한 행사가 인기를 끌 것이라 **생각하고 있어요**.
　　We **think** such an event will be very popular.

095 대부분의 학생들이 우리 식당을 주점으로 **인식하고 있거든요**.
　　Most of the students **recognize** it as a pub.

Practice 06-a [Writing]

101 그 프로그램이 이미 **설치되어 있습니다**.

The program **is installed (has been installed)** already.

102 이 서비스는 패키지에 **포함되어 있어요**.

This service **is included** in the package.

103 제가 프로그램을 **실행해보겠습니다**.

I **will execute** the program.

104 보안 시스템은 잘 **동작되고 있어요**.

The security system **is operating (is being operated)** well.

105 아무것도 **필요치 않아요**.

Nothing **is needed**.

Practice 06-b [Writing]

111 드디어 당사의 신제품 개발이 **완료되었어요**.

At last, the development of our new product has **been completed**.

112 지금부터 이 제품의 매뉴얼을 **작성할 거예요**.

From now, we **will prepare** the manual for this product.

113 제품의 수출을 위해 영문으로 **제작되어야 해요**.

It has to **be produced** in English for export.

114 예. 6개월 동안 엔지니어들과 함께 **작업했어요**.

Yes, I **have worked** with the engineers for 6 months.

115 훌륭한 매뉴얼이 **만들어질 거예요**.

I'm sure that an excellent manual **will be made**.

Practice 07-a [Writing]

121 우리 팀은 1학년 학생들의 설계 작업을 **돕고 있어요**.
　　Our team **is helping** freshmen for design work.

122 학교에서 모든 것을 **제공하고 있어요**.
　　Our university **is providing** us with everything.

123 이번 프로젝트는 한 학기동안 **실시될 겁니다**.
　　This project **will be conducted** for one semester.

124 이 프로젝트를 통해, 신입생들이 설계 기술을 **향상시킬 수 있을 거예요**.
　　Through this project, the freshmen **will be able to improve** their design skill.

125 우리 팀은 진행사항에 대한 일일 보고서를 **제출해야 해요**.
　　We have to submit a daily report on the progress.

Practice 07-b [Writing]

131 우리 학교는 중앙아시아에 농업학교를 **설립할 예정이다**.
　　We **are going to establish** an agricultural center in Central Asia.

132 예. 일부 소요 자금은 이미 정부에서 **지원받았다**.
　　Yes, we **have got** support for a part of the required fund from the government.

133 나머지 자원은 우리 학교가 **준비해야 한다**.
　　Our university **has to arrange** the rest of the resources.

134 향후 한국의 농업회사들이 그 지역에 **진출할 것이다**.
　　In the future, Korean agricultural companies **will advance** to that region.

135 우리 현지 학교의 많은 졸업생들이 그 회사들에서 **일할 수 있을 것이다**.
　　Many graduates from our local school **will be able to work** at those companies.

Practice 08-a [Writing]

141 우리 회사는 자동차 부품 제조업체입니다.
We **are an auto parts manufacturer**.

142 우리의 연평균 매출은 1조원 정도입니다.
Our annual sales on average **is about one trillion won**.

143 몇 가지 자동차 부품을 생산하고 있습니다.
We **are manufacturing several auto parts**.

144 당사 제품을 해외 시장에도 판매하고 있어요.
We **are selling our products to overseas markets also**.

145 내년에는 유럽 시장에 진출할 계획입니다.
Next year, we **will advance to the European market**.

Practice 08-b [Writing]

151 영어 능력은 대부분의 직업에 필수적이죠.
English skill **is essential** for most jobs.

152 나는 영어로 쓴 전공 교재들을 읽을 수 있어요.
I **can read course textbooks** written in English.

153 이제까지 말하기, 쓰기를 안 배웠어요.
I **have not learned speaking and writing** until now.

154 문법, 듣기, 읽기만 배웠죠.
I **have learned grammar, listening and reading** only.

155 새로운 방법이 나의 영어 실력을 훨씬 좋아지게 만들 거예요.
The new method **will make my English skill** much better.

Practice 09-a [Writing]

161 좋은 아이디어가 있나요?

Do you **have a good idea**?

162 그곳엔 안 가봤어요.

I **have never been** there.

163 많은 사람들하고 파티를 하면 더 신나겠네요, 그렇죠?

Having a party with many others will be more exciting, **isn't it**?

164 초대할 친구가 두 명 있어요. 불러도 될까요?

I have two friends to invite. **Can I** call them?

165 그렇게 할게요. 6시에 주점에서 만날까요?

Okay, I will do it. **Shall we meet** at the pub at 6 p.m.?

Practice 09-b [Writing]

171 우리 싱가포르에 여행 갑니다. 같이 가시겠어요?

We **are going(will go)** to Singapore. Would you join us?

172 그곳은 물가가 비싸죠, 그렇죠?

Prices are high there, **aren't they**?

173 아직 비행기 티켓을 구매하진 않았어요.

We **haven't purchased air tickets** yet.

174 여행하기에 좋은 곳 좀 추천해주시겠어요?

Would you recommend a good place to travel?

175 대만에 가는 것은 고려해보지 않았어요.

We **haven't considered going** to Taiwan.

Practice 10-a [Writing]

181 <u>두 마리 치킨</u>과 <u>스테이크 하나</u> 부탁합니다.
　　Two **chickens** and one **stake**, please.

182 미디움 웰던으로 부탁해요.
　　Medium well-done, please.

183 <u>맥주 두 병</u> 주세요.
　　We want two **bottles** of beer.

184 <u>냉수 두 잔</u>이면 됩니다.
　　Just two **glasses** of ice water, please.

185 <u>종이 냅킨</u> 좀 갖다 주시겠습니까?
　　Can you bring some **paper napkins**?

Practice 10-b [Writing]

191 그곳에서의 인턴 <u>경험</u>은 상당히 유용했습니다.
　　The **experience** of the internship there was very useful.

192 처음엔 <u>어려움</u>을 겪었지만 곧 주어지는 일에 익숙해졌어요.
　　At the beginning, I had **trouble(difficulty)**, but got familiar with the given **work(tasks)**.

193 저의 주된 업무는 <u>서류작업</u>이었습니다.
　　My main job was **paperwork(documentation)**.

194 7명의 연구원들의 <u>논문</u>을 정리하거나 번역했어요.
　　I arranged or translated the **papers(theses)** of seven researchers in our team.

195 <u>고급 인재들</u>을 도울 수 있어 행복했습니다.
　　I felt happy because I could help **high brains**.

Practice 11-a [Writing]

201 **그의** 전공은 문예창작입니다.
His major is creative writing.

202 대학 졸업 후, 웹툰 작가가 되었습니다.
After graduating from university, **he** became a webtoon writer.

203 지금은 웹툰 제작회사를 운영하고 있습니다.
He is managing a webtoon production company.

204 **그곳의** 연간 매출 규모는 100억원 이상입니다.
Its annual sales scale is over 10 billion won.

205 우리 회사도 **그곳에** 웹툰 연재를 요청할 예정입니다.
Our company will also request **it(them)** to run webtoons on our site.

Practice 11-b [Writing]

211 **그것들** 모두가 사물인터넷 기능을 지니고 있습니다.
All of **them** have the IoT function.

212 **그 기능은** 특수 환경에만 적용될 수 있습니다.
It can be applied only to special environment.

213 **그것의** 사용을 위해서는 **모든 것이** 디지털화되어야 합니다.
Everything should be digitalized for **its** use.

214 대학에서 **그것을** 전공했습니다.
I majored in **it** at my university.

215 **저의** 교수님께서 **그것을** 공부해보라고 적극 권하셨습니다.
My professor strongly recommended **me** to study **it**.

Practice 12-a [Writing]

221 선적서류를 **작성하고 있습니다**.
I **am preparing** the shipping documents.

222 이번에 1,200 세트의 정수기를 **수출했습니다**.
This time, we **exported** 1,200 sets of our water purifier.

223 중동 및 동남아 시장에 지난 20년간 **수출했습니다**.
We **have exported** them to the Middle East and South-east Asian countries for last 20 years.

224 당사 정수기는 이상적인 필터를 **내장하고 있습니다**.
Our water purifiers **contain** an ideal filter.

225 정수 기능도 탁월하고, 물이 낭비되는 것을 **막아줍니다**.
Its purifying function is excellent, and it **prevents** waterfrom wasting.

Practice 12-b [Writing]

231 이것은 ICT 기반의 농업입니다.
This **is** a type of ICT-based farming.

232 농업에 빅데이터와 인공지능 등이 **적용됩니다**.
Big data and AI **are applied** to agriculture.

233 우리 회사는 식물공장을 통한 농업 교육을 **시작할 예정입니다**.
We **are going to start** agricultural education through plant factories.

234 이미 타당성 조사는 **끝냈습니다**.
We **have finished** a feasibility study already.

235 환경 제어 농업이라고도 **칭합니다**.
It **is called** 'Controlled Environment Agriculture' also.

Practice 13-a [Writing]

241 **좀 더 이른** 선적을 원합니다.
We want **(a little) earlier** shipment.

242 우리 재고가 **최저** 수준입니다.
Now our stock is on the **lowest** level.

243 우리에게 보낼 수 있는 **가용** 수량을 확인해주세요.
Please check the **available** quantity to send us.

244 하지만 항공 선적은 운송료가 **아주 비싸서요**.
But, the freight for air shipment is **very high**.

245 **신속한** 조치 기다리겠습니다.
We will wait for your **prompt** action.

Practice 13-b [Writing]

251 우리는 자동차 부품 설계를 위한 **몇 가지** 면허를 가지고 있습니다.
I have **several** licenses for auto parts design.

252 그것들을 가지고 있으면, **많이 유리할** 겁니다.
I will be **very favorable** with them.

253 **열정적인** 교수님들 때문에 **가능합니다**.
It is **possible** thanks to our **passionate** professors.

254 **그러한** 지원 때문에 우리 대학을 선택했습니다.
I chose our university due to **such** support.

255 졸업 후 **세계 최고의** 기업에 지원할 겁니다.
I am going to apply to a **world-best** company.

Practice 14-a [Writing]

261 **사람들을 만날 때** 정말 행복해요.
When I meet people, I feel really happy.

262 **다른 사람들과의 상호작용을 통해서** 동기부여가 돼요.
I get motivated **through** interaction **with** others.

263 **작년부터** 자원봉사 단체에서 일하고 있어요.
I have been working for a volunteer service club **since** last year.

264 **저녁에** 학생들에게 컴퓨터 기술을 가르쳐요.
I teach computer skills **in** the evening.

265 **50대 및 60대의** 퇴직자들이에요.
They are retirees **in** their 50's or 60's.

Practice 14-b [Writing]

271 그냥 몇 가지 요리만 어떻게 하는지 알아요.
I know **how** to cook just a few dishes.

272 한국 음식에 관심이 있나요?
Are you interested **in** Korean foods?

273 내가 기숙사에 곧 초대할게요.
I will invite you **to** my dormitory soon.

274 제 공간이 작지만, 다른 분들과 같이 와도 돼요.
My space is small, but you can come **with** others.

275 큰 팬이 있으면 좀 가져다주세요.
If you have a big pan, please bring it.

Practice 15-a [Writing]

281 **자동차 브랜드마다** 다른 특징을 가지고 있어요.
Each automobile brand has different features.

282 연비와 환경 **둘 다**를 고려하면, 전기차가 최고일 수 있어요.oth
If you consider **both** of the fuel efficiency and the environment, an electric car may be the best.

283 **많은 장점을** 가지고 있는 하이브리드 자동차도 권할 만 해요.
A hybrid car having **many** advantages is recommendable also.

284 우선 **연료를 많이** 절약할 수 있어요.
First, we can save **much(a lot of)** fuel.

285 전에는 정부가 **약간의 금액을** 보조해주었는데, 현재는 안 해줘요.
Before, the government supported **a little** amount, but they don't now.

Practice 15-b [Writing]

291 인도네시아는 **많은** 인구와 천연자원을 가지고 있어요.
The country has a **big** population and **lots of** natural resources.

292 그곳에 **몇 번** 가보았어요.
I have visited it **several** times.

293 저의 직장 동료한테서 **많은** 조언을 얻을 수 있을 거예요.
You will be able to get **much** advice from my coworker.

294 그 사람이 과거에 거기서 5년간 살았고, 거기 사는 친척도 **몇 명** 있어요.
He lived there for 5 years in the past, and has **a few** relatives living there.

295 그 사람을 **이틀에 한 번씩** 만나니까, 곧 약속 잡을게요.
I meet him **every** other day.
I will arrange an appointment soon.

Practice 16-a [Writing]

301 다음 주에 자원봉사 하러 **다른** 나라로 갈 예정이에요.
I want to go to **another** country for volunteer service next week.

302 의료자원봉사단체의 **다른** 회원들과 함께 가요.
I will go with **other** members of a volunteer medical service group.

303 29명 중에서, 10명은 저와 먼저 떠나고, **나머지는** 2주 후에 합류해요.
Out of 29 people, ten will leave with me first, and then **the others** will join us after two weeks.

304 **열악한 여건에서 지내는 게** 좀 힘들지만, 전처럼 캄보디아에서 할 거예요.
It is a little hard to stay in harsh conditions, but we will do that in Cambodia as before.

305 **그들이 질병을 예방하도록 돕는 것은** 아주 중요한 일이죠.
It is very important that we help them to prevent diseases.

Practice 16-b [Writing]

311 **다른** 두 회사와 계약을 체결했어요.
We made agreements with two **other** companies.

312 하나는 **사천육백만원**이에요.
One is **forty six million** won.

313 나머지 하나는 작아요. **칠백오십만원**이에요.
The other is small. It is **7.5 million** won.

314 **우리가 고품질 서비스를 제공하는 게** 중요하죠.
It is important for us to provide them with high-quality service.

315 물론 **다른** 여러 나라에 진출할 겁니다.
Of course, we will advance to many **other** countries.

Practice 17-a [Writing]

321 테크니컬 라이터로 일하고 싶어요.
I want to work as **a** technical writer.

322 특별 과정을 이수하고 있어요.
I am taking **a** special course.

323 주된 임무는 특정 목적을 위한 문서작업이에요.
Main duty is documentation for **a** certain purpose.

324 경험이 많은 여성 강사가 가르쳐요.
A female instructor having much experience teaches.

325 문서화되는 커뮤니케이션의 전문용어, 표현 및 스타일 등을 배워요.
We learn **the** terminology, expression, style and others of documented communications.

Practice 17-b [Writing]

331 서울의 **중심에** 있는 **인사동 지역에** 가보세요.
Why don't you go to **the** Insa-dong area in **the** center of Seoul?

332 **청와대**와 **북촌**도 걸어서 갈 수 있어요.
Right. You can go to **the** Cheong Wa Dae and Bukchon on foot.

333 그곳 **거리에는** 많은 상점들이 자리 잡고 있어요.
Many shops are situated on **the** street there.

334 '한옥'이라고 하는 전통 가옥들이 많이 있는 **한 지역의 명칭**이에요.
It is **the** name of **a** district where there are many Korean traditional houses called Hanok.

335 **미국 대사관과** 같은 상징적인 건물들이 있어요.
There are symbolic buildings like **the** U. S. Embassy.

Practice 18-a [Writing]

341 이곳에 **가지고 오려고** 급히 이 모형을 제작했어요.
We made this mockup in a hurry **to bring** it here.

342 지금 **시험할 수 있도록** 준비되어 있어요.
It is ready **to test** right now.

343 완벽합니다. **개선할** 것이 없어요.
It is perfect. There's nothing **to improve**.

344 무결함 제품을 **출시하기 위해** 최선을 다했습니다.
We've done our best **to launch** a defect-free product.

345 일주일 후에 **생산하기** 시작해서, 120일 후에 선적할 수 있어요.
We will start **to produce** them after a week, and make shipment after 120 days.

Practice 18-b [Writing]

351 유지보수 서비스를 **요청하는 것은** 합당하지 않은 것 같아요.
It seems to be unreasonable **to request** maintenance service.

352 이것은 우리가 **책임져야 할** 문제거든요.
This is a problem for us **to take** responsibility.

353 이 부품을 **수리해달라고** 요청하면, 무료가 아닐 거예요.
If we request **to repair** this part, it will not be free.

354 새것으로 **교체할** 필요가 있어요. 다른 선택의 여지가 없습니다.
We need **to replace** it with new one. There's no other choice.

355 이것을 위해서 회계팀에 **결제해달라고** 요청할게요.
I will request the accounting team **to pay** for this.

Practice 19-a [Writing]

361 식품협회에서 한국요리학교 **설립할 것을** 제의했어요.
The Food Association suggested **establishing** a Korean culinary school.

362 다른 것도 있지만, 그건 **고려하는 것을** 그만두었어요.
We got another one, but we quit **considering** it.

363 그 회사가 현물로 **투자하겠다고** 제시해서요.
The company offered **to invest** in kind.

364 큰 투자자를 **찾으려** 노력 중이에요.
We are trying **to find** a big investor.

365 하지만, 대기업을 **유치할 수 있을 것** 같아요.
But, it seems to be possible **to attract** a major company,

Practice 19-b [Writing]

371 CES에 **참가할** 계획이에요.
We are planning **to participate** in CES.

372 새로운 아이템 **개발을** 다소 늦춰서, 스케줄이 걱정되네요.
We have delayed **to develop** a new item a little, so we worry about the schedule.

373 **예약할지 말지** 망설이고 있어요.
We are hesitating **to reserve** it or not.

374 기밀이니까 어떤 회사든 그런 정보는 **밝히기를** 꺼리죠.
Any company minds **to disclose** such information because it's confidential.

375 세계 최고의 회사들과 판매 계약 **체결하길** 기대합니다.
We expect **to make** a sales contract with world-foremost companies.

Practice 20-a [Writing]

381 그 용어들을 **보여주는** 목록을 가지고 있나요?
Do you have a list **showing** those terms?

382 '스플릿(Split)'은 3D 물체를 나눌 수 **있게 해주는** 작업을 의미해요.
'Split' means the work **enabling** to divide a 3D object.

383 평면을 사용해서 파트나 피처를 **절단해서** 생기는 또 다른 파트를 의미하기도 합니다.
It also means another part created by **cutting** a part or a feature by the use of a plane.

384 '어플리케이션 윈도우'는 CATIA 버전 5 어플리케이션을 **포함하는** 윈도우예요.
'Application Window' is the window **containing** CATIA Version 5 application.

385 '콜렉션'은 몇 가지 공통점을 **공유하는** 물체들의 세트를 의미하는 거예요.
'Collection' means a set of objects **sharing** several common points.

Practice 20-b [Writing]

391 **걷는 것이** 가장 좋은 운동이라고 생각해요.
I think **walking** is the best exercise.

392 주말에는 축구를 즐겨 **한답니다**.
I enjoy **playing** soccer on weekends.

393 옥외 스포츠를 더 좋아해요. **등산**도 나를 상쾌하게 해요.
Yes, I prefer outdoor sports.
Mountain **hiking** also makes me refresh.

394 수시로 **여행도 간답니다**.
I also go **traveling** from time to time.

395 당신과 함께 **가는 걸** 고려해볼게요.
I will consider **going** with you.

Practice 21-a [Writing]

401 **어떤** 종류의 음식을 좋아하세요?
What kind of food do you like?

402 한국 식당이 **어디에** 있는지 아세요?
Do you know **where** a Korean restaurant is?

403 한국 음식이면 **무엇이든** 좋아요.
Anything is good to me if it is a Korean dish.

404 지방이 많이 포함된 음식들을 계속 먹고 싶진 않아요.
I don't want to keep on having dishes **which** contain much fat.

405 한국 음식을 요리하고 싶은데 **어떻게** 요리하는지 잘 몰라요.
I want to cook Korean dishes, but I don't know well **how** to cook them.

Practice 21-b [Writing]

411 우리나라에는 각각의 특징을 가지고 있는 4계절이 있어요.
We have four seasons **which** have respective(different) characteristics.

412 당신이 보고 싶은 게 **무엇이냐에** 달려있죠.
It depends on **what** you like to see.

413 템플 스테이에 대해 **어떻게** 아세요?
How do you know about temple stay?

414 **몇 명**이 올 건가요?
How many people will come?

415 한국의 동남 지역에 위치한 해인사를 권하고 싶어요.
I like to recommend you Hae-in-sa **which** is located in the south-eastern area of Korea.

Practice 22-a [Writing]

421 **저의 영어 실력이 점점 향상되고 있다고** 생각해요.
I think **(that) my English skill is improving**.

422 우리 대학에서 **우리 학과에 맞춤화된** 특별 프로그램을 채택했어요.
Our university adopted a special program **which is customized** for our department.

423 **문법, 라이팅, 그리고 스피킹이 결합된** 새로운 시스템이에요.
It is a new system **where grammar, writing and speaking are combined**.

424 제가 알기로는, **우리 대학이 우리한테만 제공하는데요**.
As I know, it is the program **which our university provides** to us only.

425 그러한 경우에는 **내용이 다를 거라** 생각해요.
I think **(that) the contents will be** different in such a case.

Practice 22-b [Writing]

431 **3D 프린터 사용하는 방법을** 배웠어요.
I have learned **how we should operate** a 3D printer.

432 **4차 산업혁명을 이끌** 혁신적인 기술들이 우리 교육과정에 포함되어 있어요.
Innovative technologies **which will lead** The Fourth Industrial Revolution are included in our curriculum.

433 **우리는 졸업할 때까지** 자격증을 여러 개 취득하게 될 거예요.
We will get many certificates **until we graduate**.

434 **제가 2학년인데도** 2개 자격증을 가지고 있거든요.
I have two certificates **although I am** a sophomore.

435 **작년에 취득한** 그 자격증들이 빅데이터에 관련된 것들이에요.
The certificates **which I got** last year are related to big data.

Practice 23-a [Writing]

441 과제를 어떻게 시작해야 할지 모르겠어요.
I don't know **how I should start** the assignment.
I don't know **how to start** the assignment.

442 교수님이 로봇공학에서 사용되는 각 용어를 내 자신의 용어로 정의해야 한다고 말씀하셨어요.
My professor said **that I should define** each term used in robotics in my own words.

443 어떤 언어로든 내가 그것들을 이해해서 표현해야 하는 건 도전이에요.
It is a challenge **that we have to understand and express** them in any language.

444 그것이 지능 시스템에 관한 것인 거라고 알고 있어요.
I know **that it is** about intelligence system.

445 무엇을 어떻게 배울지는 저의 노력에 달려 있죠.
What and **how I learn** depends on my effort.

Practice 23-b [Writing]

451 내 생각에 당신이 K-팝 공연들을 보고 싶을 것 같네요.
I think **that you want** to see K-pop performances.

452 어떤 가수를 좋아하는지 말해보세요.
Tell me **which singer you like**.

453 금액은 당신이 어떤 가수를 선택할 것이냐에 따라 달라지죠.
The price depends on **which group you will choose**.

454 언제 방문할 것인지가 가장 중요해요.
When you will visit is most important.

455 좋아요. 우리가 무엇을 볼 것인지 같이 선택합시다.
Okay. Let's choose together **what we will watch**.

Practice 24-a [Writing]

461 조교가 나에게 3시까지 그곳에 와야 할 거라고 했어요.
The teaching assistant told me (that) I **will have to be** there by 3:00 p.m.

462 잘 모르겠는데, 친구가 긴장하지 말라고 말해줬어요.
I don't have ideas, but my friend said **not to be** nervous.

463 교수님께서 면접관이 두 분일 거라고 하셨어요.
Our professor said two interviewers **would ask** questions.

464 교수님께서 우리들에게 영어로만 답하라고 당부하셨어요.
He asked for us **to answer** in English only.

465 가족들에게 합격하겠다고 말했어요.
I said to my family (that) I **would make success**.
I told my family (that) I **would pass** the exam.

Practice 24-b [Writing]

471 예, 읽어봤어요. 기자가 "학부의 목표가 무엇입니까?"라고 물었어요.
Yes, I have read it. The reporter asked, "What **is** the goal of your division?"

472 교수님께서 목표는 우리가 세계적인 기업에서 일하도록 돕는 것이라고 답하셨어요.
He answered (that) the goal **is** to help us to work at world-class companies.

473 기자가 다시 "특별한 프로그램들이 있는지요?"라고 질문했어요.
The reporter asked again, "Do you **have** special programs?"

474 우리가 산업현장에서 실제의 운용 프로그램들을 실습하는 기회를 갖는다고 말씀하셨어요.
He said that we **have** an opportunity of practicing the actual operating programs in the industrial field.

475 아버지께서 저의 미래에 대해 걱정하지 않을 거라고 말씀하셨어요.
My father told me that he **would not worry** about my future.

Practice 25-a [Writing]

481 나는 가끔 수도권에 위치한 산에 등산하러 갑니다.
I sometimes go hiking to a mountain **which** is located in the metropolitan area.

482 등산객들을 위해 잘 정비된 크고 작은 산들이 많이 있어요.
There are many small or big mountains **which** are well arranged for hikers.

483 취미가 옥외 활동인 시민들은 서울에서 많은 것을 즐길 수 있어요.
The citizens **whose** hobby is an outdoor activity can enjoy many things in Seoul.

484 외국인들이 즐길 수 있는 곳들이 많이 있어요.
There are many places **in(at) which** foreigners can enjoy.
There are many places **which** foreigners can enjoy in(at).
There are many places **where** foreigners can enjoy.

485 서울의 중심을 가로지르는 긴 강이 있어요.
There is a long river **which** runs across the center of Seoul.

Practice 25-b [Writing]

491 우리 대학에서 공부하고 있는 외국학생이 수백 명 있어요.
There are hundreds of foreign students **who** are studying at our university.

492 언어 문제가 있는 학생들을 위해 좋은 시스템을 갖추고 있어요.
We have a good system for the students **who** have a language problem.

493 첫해에는 우리 대학에서 제공하는 정규 한국어과정을 수강해요.
In the first year, they take a full-time Korean course **which** is provided by our university.

494 우선 자신들이 이해할 수 있는 수업들을 수강하죠.
First, they take classes (**which**) they can understand.

495 영어로 가르치는 교수들이 좀 있어요.
There are some professors **who** teach in English.

Practice 26-a [Writing]

501 그 작가가 쓴 모든 책을 다 읽었어요.
I have read all the books (**which were**) written by that writer.

502 그분은 아주 유명한데도 부자가 아닌데, 그것이 출판사들이 충분한 인세를 지불하지 않는다는 걸 보여주는 거죠.
He is very famous but not rich, **which** shows that publishing companies don't pay enough royalty.

503 정확히는 모르겠지만, 여러 작가들에 대해 거의 같은 인세율이 적용되는 것 같은데, 그것은 바뀌어야 해요.
I don't know exactly, but the almost same royalty rate seems to be applied to different writers, **which** should be changed.

504 저는 대학의 영어 교재 집필자인데, 보통 맞춤화된 책들을 개발합니다.
I am a writer of English textbooks for colleges, **who** usually develops customized books.

505 책 저자들이 보다 많이 보상받을 수 있는 다른 방법으로 출판할 것을 고려하고 있어요.
I'm considering publishing in another way **by(through) which** book writers can be rewarded more.

Practice 26-b [Writing]

511 간단히 말해서, 우리는 자동차용 지능형 컴퓨터를 만드는데, 그것은 마치 인간의 두뇌와 같아요.
In short, we make the intelligent computer for automobiles, **which** is like the brain of humans.

512 달리 말해서, 우리는 자동차용 컴퓨터 설계하는 방법을 배우는데, 그것이 자동차들의 모든 기능을 제어하는 거예요.
In other words, we learn how to design the computer for automobiles, **which** controls every function.

513 인간공학은 자동차부품 3D 설계 전공에 포함되어 있는데, 그것은 과정의 몇 개 과목 중 하나죠.
Ergonomics is included in the Auto Parts 3D Design major, **which** is one of several subjects in the course.

514 실험실에 전기차가 있는데, 이것을 가지고 모의실험을 할 수 있어요.
We have an electric car in our lab, **with which** we can have simulation tests.

515 모든 프로그램이 완벽해서, 우리가 만족하고 있어요.
All the programs are perfect, **with which** we are satisfied.

Practice 27-a [Writing]

521 오염된 공기가 건강에 안 좋아서 그곳에서 살고 싶진 않아요.
I don't want to live there **because(since)** polluted air is bad for health.

522 생활의 편리함을 향유할 수 있다 해도, 건강이 저에겐 더 중요해요.
Although I can enjoy convenience of life, health is more important for me.

523 신문에서 어떤 기사를 읽은 이후, 시골에서의 삶을 생각해왔어요.
After I read an article on the newspaper, I have thought of my life in a rural area.

524 드론, 자율주행차, 기타 지능형 장비들이 우리의 삶을 도와줄 거니까 문제가 없을 겁니다.
There will be no problem **because** drone, self-driving cars and other intelligent equipment will help our life.

525 심도 있게 공부한 후에, 그런 지역에서 사업을 시작할 거예요.
After I study in depth, I will start up my business in such an area.

Practice 27-b [Writing]

531 환경 운동가들이 많은 노력을 기울임에도, 사람들 의식이 부족해요.
Although environmental activists make much effort, people have lack of consciousness.

532 완전 동의해요. 편의를 먼저 생각하니까 자원을 낭비하죠.
I fully agree. They waste resources **because** they think convenience first.

533 정말 심각하죠. 또 공장과 자동차가 각국에서 늘어나서 공기도 점점 나빠지고 있잖아요.
It's really serious. Also, the air is getting worse **because** factories and automobiles have increased in each country.

534 정부가 업계를 지원해주면, 급속히 성장할 거예요.
If the government supports the industry, it will grow rapidly.

535 우리가 대체자원을 개발하는 대로 화석 연료는 제거되어야죠.
Fossil fuels should be removed **as soon as** we develop alternative resources.

Practice 28-a [Writing]

541 우리 생활에 적용된다면, 초기에는 우리가 혼란스러워질 거예요.
If it **is** applied to our life, we will **get(be)** confused at the beginning.

542 내가 과학자나 엔지니어라면, 많은 것들을 개발할 텐데.
If I **were** a scientist or an engineer, I **would develop** many things.

543 시간이 허락한다면, 새로운 학습 시스템을 개발하고 싶어요.
If time **allows**, I **would like to develop** a new learning system.

544 학교에 다니든 안 다니든 학생들이 공부할 수 있도록 해줄 겁니다.
It **will allow** students to study whether or not they **attend** a school.

545 가능하다면, 우리가 교육 분야에서도 다가오는 기술 혁명에 대비해야죠.
If it **is** possible, we **have to prepare** for the coming technical revolution also in the education field.

Practice 28-b [Writing]

551 날씨가 나쁘더라도, 정시에 시작할 거예요.
Even if the weather **is** bad, we **will start** on time.

552 마음이 편치 않으면, 되도록 빨리 회원들에게 연락하세요.
If you **feel** uncomfortable, please **call** the members as soon as possible.

553 어떤 회원이 참석하지 못하는 경우에는, 어떻게 할까요?
If any member **is not able** to attend it, what **shall** we **do**?

554 우리가 그들의 협력업체가 아니라면, 그것에 대해 생각할 필요도 없겠죠.
If we **were** not their vendor, we **would not need** to think of it.

555 그들이 우리를 돕지 않았다면, 우리가 생존하지 못했을 거예요.
If they **had not helped** us, we **could not have survived**.

Practice 29-a [Writing]

561 구성원이 4명밖에 없어서, 더 필요하긴 해요.

Having four members only, we need more.

562 지난번에 과제를 같이 했기 때문에, 그녀가 총명하고 친절하다는 거 알고 있어요.

Having done the assignment with her last time, I knew her smart and kind.

563 몇몇 친구와 같은 수업을 들었기 때문에, 민호가 아주 활동적이라는 걸 알고 있어요.

Having taken the same class with a few classmates, I know Minho very active.

564 전에 거절당한 적이 있어서, 전화하기가 좀 그렇긴 하네요.

Having been rejected before, I'm afraid of calling him.

565 둘 다 내가 전화해볼게요. Jacy와 먼저 확인해보고, 민호에게 전화해볼게요.

I will call both of them. After **checking** with Jacy first, I will call Minho.

Practice 29-b [Writing]

571 오후에 여행 떠나기 전에 그곳에 들를게.

Before **leaving** for travel in the afternoon, I will drop in there.

572 수업이 두 개나 있어서, 제한적인 시간 밖에 없어.

Having two classes, I will have limited time only.

573 아이디어가 있어. 내가 룸메이트에게 물어보고 나서 알려줄게.

I have an idea. I will let you know after **asking** my roommate.

574 그럴 거야. 저번에 내 생일 파티 했을 때 그 애의 손재주에 놀랐어.

I think so. When **having** my birthday party last time, I was surprised at her hand skill.

575 그러길 바라. 어쨌든 오전 일정 끝내는 대로 너희들에게 갈게.

I hope so. Anyhow, I will come to you as soon as **finishing** my morning schedule.

Practice 30-a [Writing]

581 아침 9시경에 그곳에 도착할 예정이에요.
I **will** arrive there around 9 a.m.

582 프레젠테이션을 해야 하거든요.
I **have to** make a presentation.

583 오, 고마워요. 원고 가져올게요.
Oh, thank you. I **will** bring my script.

584 "우선 우리 연구팀을 소개하겠습니다."
"First, I **will** introduce our research team."

585 알겠어요. 여러 번 연습해야겠네요.
I see. I **should** practice many times.

Practice 30-b [Writing]

591 대단히 행복하지만, 지금보다 더 열심히 공부해야겠어요.
I feel very happy but I **should** study harder than now.

592 테크니컬 라이터로서 실습 기회를 가질 수 있었으니까요.
I **could** have a chance of practice as a technical writer.

593 이 프로그램은 저와 학교 친구들에게 분명히 동기 부여를 해주었을 겁니다.
This program **must** have motivated me and my classmates.

594 우리를 위해 이 프로그램을 준비해주신 데 대해 '감사하다'고 말하고 싶습니다.
I **would like to** say 'Thank you' for preparing this program for us.

595 세계적인 디자이너가 되기 위해 영어 실력을 향상시킬 겁니다.
I **am going to** improve my English ability to become a world-class designer.

원능 시리즈 II
프로젝트 20 능통영어

초판 1쇄 인쇄 2019년 8월 09일
초판 1쇄 발행 2019년 8월 20일

저 자   조길자 (Miriam Cho)

발 행 처	Amber Press (앰버 프레스)
등 록 번 호	제2011-000039호
등 록 일 자	2011년 02월 08일
주 소	서울 강남구 역삼로 8길 17 현빌딩 3층 (06250)
전 화	02-569-0582
팩 스	02-566-8205
이 메 일	amberlang@naver.com

저작권자 ⓒ 2019. 조길자
이 책에 관련된 일체의 저작권은 저작권자에게 있습니다. 저작권자 및 발행처의 서면에 의한 허가 없이 내용의 일부 또는 전체를 인용, 발췌 또는 복제를 금합니다.

Copyright 2019. 조길자. All rights reserved.
All rights reserved include the rights of re-production in whole or in part in any form.

Printed in Seoul, Korea

발행자번호
ISBN 978-89-98252-26-7(13740)